# Toskana

**Birgit Müller** lebt in Italien und Deutschland, sie arbeitet als Autorin und Reisejournalistin. In mehreren Büchern und Dokumentarfilmen hat sie sich mit der Kultur, Geschichte und den Gaumenfreuden Italiens befasst.

 Familientipps

 Diese Unterkünfte haben behindertengerechte Zimmer

 Ziele in der Umgebung

Preise für ein Doppelzimmer ohne Frühstück:

€€€€ ab 260 €    €€ ab 140 €
€€€ ab 200 €    € bis 140 €

Preise für ein dreigängiges Menü ohne Getränke:

€€€€ ab 100 €    €€ ab 55 €
€€€ ab 75 €    € bis 55 €

# Inhalt

◄ Blick auf Sienas Altstadt (► S. 99) – eines
der schönsten Bauensembles der Toskana.

## Unterwegs in der Toskana     34

Florenz und
der Norden

Pisa und der
Nordwesten

Arezzo und
der Osten

Siena und
der Süden

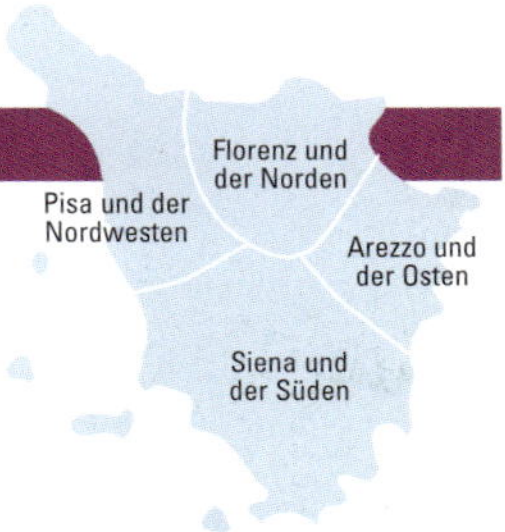

## Touren und Ausflüge                                      114

## Wissenswertes über die Toskana                           122

## ✳ Karten und Pläne

Die Koordinaten im Text verweisen auf die
Karten, z. B. ► S. 140, B 3

# Willkommen in der Toskana

Überreich an Kunstschätzen und landschaftlichen Reizen, zählt die Toskana zu den eindrucksvollsten Regionen Europas.

Schnell sind die Mühen der Anreise vergessen, wenn beim ersten Aperitif auf der Piazza Michelangelo in Florenz die Sonne ihren goldenen Schimmer auf die Stadt und die Hügel der sie umschließenden Landschaft legt. Mit der grandiosen Domkuppel zu Füßen nimmt man bereits etwas von dem unvergleichlichen Zauber auf, der von einer Gegend ausgeht, in der die Natur der kunstvollen Gestaltung der Städte in nichts nachsteht.

## Einzigartige Schönheit

Es sind eindrucksvolle Bilder wie diese, die sich während einer Reise einprägen und in der Erinnerung haften bleiben. Die Toskana, ein ausgedehn-

tes, maßvoll geformtes Hügelland mit schlanken Zypressen, Schatten spendenden Pinien, silbrig flimmernden Olivenhainen, weitläufigen Weinbergen und kleinen verträumten Ortschaften. In dieser Landschaft zwischen Lucca, dem Mugello und Chianti und der Crete bei Siena erscheint alles planvoll durchdacht und nichts dem Zufall oder der Willkür der Natur überlassen.

Der Autor Guido Piovene spricht deshalb auch von der »Reinheit der Konturen« und einer »sachlichen Strenge des Entwurfs«, die sich auch in den lieblicheren Gegenden der Toskana offenbaren: »Während sich das Auge noch berauscht am Zauber

◄ Zypressenalleen und erhöht gelegene Gehöfte unterstreichen den Reiz dieser Landschaft – hier bei Cortona (▶ S. 96).

der ersten Eindrücke, schleicht sich eine nüchterne Erkenntnis in den Sinn. Die Schönheit der Toskana ist eine Schönheit der Strenge, der Perfektion, zuweilen der Askese, hinter der Fassade der Anmut.«

In diese zauberhafte Umgebung fügt sich, wunderbar ausgewogen, die einfache und über Jahrhunderte unverändert gebliebene Architektur des toskanischen Bauernhauses. Die Dörfer und Städte dieser Region, ihre prächtigen Villen und einsam gelegenen Klosteranlagen – sie alle erhöhen eindrucksvoll den ästhetischen Reiz der lieblichen Landschaft.

## Freiheitsliebe und große Kunst

Bei dem Versuch, die Menschen einer Region zu charakterisieren, ist häufig zu hören, in der Toskana seien sie ausgesprochen freiheitsliebend. Aufgewachsen in der Tradition rivalisierender Städte und Gemeinden, ist man hier tatsächlich um einiges streitbarer. Ein Fest wie der Palio zeigt nur zu deutlich, mit welcher Rivalität und Verbissenheit man sich noch nach Jahrhunderten in solche Auseinandersetzungen hineinsteigert.

Auch habe ich dank der Unverfrorenheit, Kampfbereitschaft und Freiheitsliebe der Menschen die Mafia bisher in der Toskana keine Chance gehabt. Ein Mythos? Doch wird man kaum widersprechen wollen, wenn sie von sich sagen, sie seien anders als all die anderen, dabei von außergewöhnlicher Intelligenz und darin geübt, scharfsinnig zu beobachten und den Dingen auf den Grund zu gehen.

So begegnet man in der Toskana, ob in den Städten oder auf dem Land, eher reservierten, gleichwohl freundlichen Menschen, deren Stolz es verbietet, den Reisenden eine Touristenfolklore zu verkaufen. Aber warum auch? Verdanken wir ihnen doch die wunderbaren Kunstschätze und Baudenkmäler, die die Kunst und Kultur Europas so sehr geprägt haben. Die maßvolle Schönheit der toskanischen Kunstwerke und die Klarheit der Sprache verbinden sich mit den Namen Giottos, Dantes und Boccaccios, mit den großen Renaissancekünstlern Alberti, Masaccio, Ghiberti, Brunelleschi, Donatello und Piero della Francesca, Michelangelo und Leonardo da Vinci. Malerei, Bildhauerei und Architektur der Neuzeit haben hier ihre Wurzeln. Die Toskaner, so weiß Curzio Malaparte, übertragen ihre »Intelligenz wie Blütenstaub auf die Steine« und lassen »daraus Kirchen und Paläste, männliche Türme und weibliche Stadtplätze entstehen«.

Doch damit nicht genug. Schon der Gang über Märkte und durch Markthallen verrät, wie sehr sich dieser Blütenstaub auch über den kulinarischen Reichtum der Natur verteilt hat. Die Toskana: eine Kulturlandschaft, die all unsere Sinne anspricht und verzaubert. Sie und ihre Menschen versteht erst so recht, wer sich nicht nur auf seine Augen, sondern auch auf seinen Geschmack und das leibliche Wohl verlässt. Dann wird die oft wegen ihrer Einfachheit hoch gelobte toskanische Küche zu einem großen kulinarischen und kulturellen Erlebnis. Und in Verbindung mit den köstlichen Weinen der Toskana, einem Chianti, Morellino, Brunello oder den feinen Tropfen aus Lucca oder Siena – ein wahrer Kunstgenuss!

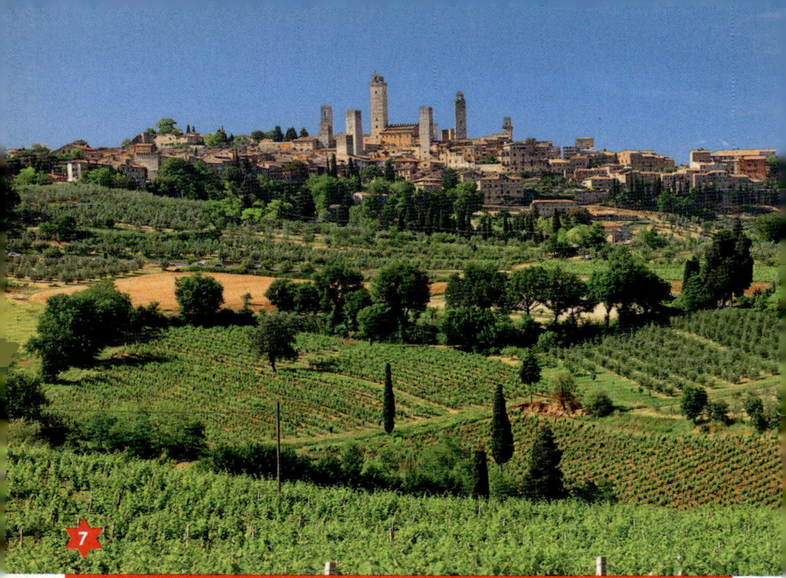


## MERIAN-TopTen

MERIAN zeigt Ihnen die Höhepunkte der Region: Das sollten Sie sich bei Ihrem Besuch in der Toskana nicht entgehen lassen.

**1 Elba und Giglio**
Die Fähre setzt schnell auf die Mittelmeerinseln über. Ein Besuch ist zu jeder Jahreszeit ein Erlebnis (▸ S. 30, 120).

**2 Florenz**
Die großartige Kunst- und Kulturmetropole birgt einzigartige Meisterwerke der Renaissance (▸ S. 37).

**3 Torre pendente (Schiefer Turm), Pisa**
Gerader gerückt und alles wieder im Lot! Das Wahrzeichen Pisas ist gerettet und wieder begehbar (▸ S. 70).

**4 Riviera della Versilia**
Wer auf sich hält, verbringt den Sommer in den Badeorten zwischen Forte dei Marmi und Viareggio (▸ S. 85).

**5 Freskenzyklus »Leggenda della Vera Croce«, Arezzo**
Piero della Francescas Freskenzyklus in San Francesco ist beeindruckend (▸ S. 90).

**6 Freskenzyklus »Effetti del Buon Governo«, Siena**
Lorenzettis grandiose Darstellung im Palazzo Pubblico erzählt vom guten und schlechten Regieren (▸ S. 102).

 **San Gimignano**
Geschlechtertürme, wohin das Auge blickt. Nach der Devise je höher, desto mächtiger entstand ein »mittelalterliches Manhattan« (▶ S. 107).

 **Pienza**
Eine Idealstadt, konzipiert auf Geheiß des Papstes: großartige Raumperspektiven mit verblüffend monumentaler Wirkung (▶ S. 108).

 **Abbazia di Sant'Antimo**
Ein magischer Zauber erfüllt Besucher im Innenraum der romanischen Benediktinerabtei (▶ S. 113).

 **Etrusker-Städtchen Pitigliano, Sorano und Sovana**
Im tiefen Süden der Toskana begibt man sich auf die Spuren des antiken Volkes der Etrusker (▶ S. 119).

# MERIAN -Tipps Mit MERIAN mehr

erleben. Nehmen Sie teil am Leben der Region und entdecken Sie die unbekannten Seite der Toskana.

 **Borgo Bottaia, Grassina**
Ferienapartments in schlichter Eleganz im Landhausstil, umgeben von viel Grün (▸ S. 13).

 **La Tenda Rossa, Cerbaia Val di Pesa**
Ein gelungenes Zusammentreffen traditioneller Gerichte aus der Toskana und der Emilia Romagna (▸ S. 15).

 **Designerschnäppchen**
Ausgefallene Lampen in Colle Val d'Elsa, warme Pullover in Prato sowie edle Teile im Gucci-Outlet südöstlich von Florenz (▸ S. 25).

 **Il Palio delle Contrade, Siena**
Die Piazza del Campo wird zweimal im Jahr zur Pferderennbahn, und die ganze Stadt fiebert mit (▸ S. 27).

 **Toskanischer Imbiss, Florenz**
Einfach, traditionell, preiswert und immer gut: Köstlichkeiten mitten im Trubel der Florentiner Markthallen (▸ S. 49).

 **Schokolade im Rivoire, Eis im Vivoli, Florenz**
Heiße Schokolade im Caffè Rivoire auf der großen Bühne der Piazza Signoria. Vorzügliches Eis bei Vivoli (▸ S. 50).

**7** Das persönliche Parfum, Florenz

Lorenzo Villoresi überrascht mit ausgefallenen Düften und kreiert bei Bedarf Ihren persönlichen Duft (▸ S. 54).

**8** Relais dell'Ussero a Villa di Corliano, Rigoli

Eine Renaissancevilla inmitten eines weiten Parks. Die einstigen Stallungen bergen ein Restaurant (▸ S. 71).

**9** Ristorante La Mora, Lucca

Hier wird mit Liebe gekocht: Luccheser Spezialitäten und traditionelle Gerichte aus der Garfagnana in sehr gepflegter Atmosphäre (▸ S. 78).

**10** Fattorie di Celli, Poppi

Kinder sind Könige auf diesem Landgut im Casentino mit Apartments und einem traumhaften Blick (▸ S. 94).

In den rustikalen Gemäuern der Taverna
Etrusca (▶ S. 119) im mittelalterlichen
Ort Sovana werden typische Gerichte der
Toskana und der Maremma aufgetischt.

# Zu Gast
## in der Toskana

Wohnen in ländlichen Villen und Castelli oder in den
Palazzi der Städte. Die Spezialitäten der toskanischen
Küche und den Trubel der Märkte und Feste genießen.

# Übernachten

Rustici und Fattorie, alte Villen und Paläste, Klöster und Landhotels, einfach oder fürstlich. Die Bandbreite an Unterkünften ist riesig – ob in den Badeorten am Meer, in der Stadt oder an den sanften Hügeln.

◄ Das Relais dell'Ussero a Villa di Corliano (► MERIAN- Tipp, S. 71) ist ein wahres Kleinod verträumter Villenromantik.

Es ist relativ unproblematisch, in den Städten preiswerte und gastfreundliche Unterkünfte zu finden. Sehr günstig, vor allem für Gruppen, sind die vielen **Klöster**, bei denen eine Vorausbuchung nötig ist. Ein großes Angebot in allen Kategorien und Preislagen bieten, neben zahlreichen Hotels, die Ferienhäuser und -wohnungen. Ferien auf dem **Bauernhof**: In »rustici« (umgebaute Bauernhäuser) oder einfachen bis ausgefallenen »fattorie« (Gutshöfen) lebt es sich nicht nur gut, man kann auch kulinarisch profitieren, denn sie verkaufen eigene Produkte wie Wein, Oliven, Käse, Brot und Schinken. Unterkünfte bei Weinbauern gibt es für einfache bis anspruchsvolle Gäste.

Wer sich für eine **Landvilla**, eine **Burg** oder ein **Schloss** entscheidet, wird sich fürstlich fühlen. Hier reicht das Angebot von einfacher Ausstattung über schlichte Eleganz bis hin zu antikem Mobiliar. Nicht selten liegen die Häuser weitab vom Meer, sodass ein Schwimmbad zur Verfügung steht. Pferdefreunde genießen Landferien auf ganz besondere Weise. Viele Hotels bieten inzwischen den Zimmerpreis inklusive Frühstück an. Durchgesetzt hat sich zumeist das Frühstücksbüfett, doch gehören auch Zwieback, abgepackte Brioche, ein Würfel Butter mit Marmelade, ein Kännchen Tee oder Brühkaffee zum Standard. Viele Gäste frühstücken deshalb lieber auf Italienisch in einer der vielen Bars der Innenstädte. Beim Cappuccino, einem herrlich frischen Croissant (»cornetto« bzw. »brioche«) oder einem Espresso, der hier »caffè«

**MERIAN-Tipp**

### BORGO BOTTAIA 🛏🍴
► S. 146, A 13

Das gepflegte, komfortable Anwesen aus dem 17. Jh. ist umgeben von viel Grün, Alleen, Olivenbäumen, Weinstöcken und Zypressen. Seit mehreren Generationen wirkt die Familie Zeloni hier, und jüngst hat sie in schlichter Eleganz im Landhausstil 15 Ferienapartments hervorragend restauriert. Im herrlich angelegten Pool gibt es eine Hydromassage, Kinder dürfen auf dem Spielplatz toben, und im Internet surft man gratis. Wer will, kocht in der eigenen Küche, die Märkte der umliegenden Orte bieten eine Vielzahl lokaler Produkte. Ein guter Chianti sowie Olivenöl werden aus der hauseigenen Fattoria bereitgestellt. Florenz erreicht man in 20 Min. mit dem Bus. Grassina, Via delle Fonti 62 q • Tel. 0 55 64 38 28 • www.borgo bottaia.it • 15 Apartments • €
8 km südl. von Florenz

heißt, kann man dabei auch noch einen Blick in die Tageszeitung werfen.

### Zimmervermittlung in Florenz
– Mwz: Via del Campuccio, 62 r • Tel. 0 55 28 75 30 • www.mwzflorence.com
– Florence Promhotels: www.prom hotels.ithotels.it

Empfehlenswerte Hotels und andere Unterkünfte finden Sie bei den Orten im Kapitel ► Unterwegs in der Toskana.

Preise für ein Doppelzimmer ohne Frühstück:

| | | |
|---|---|---|
| €€€€ ab 260 € | €€ ab 140 € |
| €€€ ab 200 € | € bis 140 € |

## Essen und Trinken Die toskanische
Küche ist ursprünglich und harmonisch: Regionale Spezia-
litäten, edle Weine und der Geschmack des köstlichen
Olivenöls stehen im Zentrum der kulinarischen Tradition.

◄ Das traditionsreiche Florentiner Caffè Gilli (► S. 50) mit seiner beliebten Terrasse wurde bereits 1733 gegründet.

Toskanisches Essen ist ein Erlebnis für sich. Lassen Sie sich verführen von einfachen, aber köstlichen Gerichten aus guten Zutaten. Die lokalen Märkte bieten zu jeder Jahreszeit ein üppiges Angebot, vor allem an zahlreichen auch wild wachsenden Salatsorten und einer Vielzahl von Sommer- und Wintergemüse. Die köstlichen Bohnen, die kein Toskaner missen möchte, werden am liebsten als »fagioli al fiasco o al forno« oder als »fagioli all'uccelletto« gegessen. Ursprünglich das »Fleisch der Armen«, sind die dicken Bohnen heute zu einem Lieblingsgericht der Reichen geworden und stehen auf den Speisekarten vornehmer Restaurants. Mit Schweinswürstchen, den »salsicce«, oder einfach nur mit dem köstlichen Brot und dem so hervorragenden Olivenöl sind die weißen Bohnen unübertrefflich.

Die Grundlage vieler Gerichte ist das salzlose, zunächst etwas ungewohnt schmeckende **Brot** (► Im Fokus, S. 18). »Crostini«, geröstete Brotscheiben mit Milz- und Hähnchenleberpaste, gehören zum Vorspeisenteller. »Bruschetta«, »fettunta«, »pandorato« oder Brotscheiben, belegt mit »porchetta«, »finocchiona«, »salsicce« oder »soppressata«, lassen alle Fast-Food-Angebote sogleich vergessen.

Im Sommer gibt es »panzanella«, einen frischen Brotsalat, oder die Tomatensuppe »pappa al pomodoro« und im Winter die »ribollita«, eine Brotsuppe mit Schwarzkohl, Bohnen und vielen anderen Gemüsen, die mehrmals aufgekocht am besten schmeckt. Zu erwähnen ist noch

**MERIAN-Tipp**

**LA TENDA ROSSA** ► S. 146, A 13
Am liebsten möchte man von allem probieren, so ansprechend und köstlich ist das, was die Küche auf den Tisch zaubert. Der Service ist vollendet und ausgesprochen professionell, die Weinkarte lässt Kenner schwelgen. Dass man besonderen Wert auf frische Produkte legt, davon zeugt ein eigener Garten. Jungen und zukünftigen Gourmets »unter 30« wird ein 30 % günstigeres Menü angeboten. Unter dem Motto »Du trinkst, ich fahre« kann sich der Gast einen persönlichen Fahrer leisten – einfach bei der Tischreservierung mit anmelden. Cerbaia Val di Pesa, Piazza Monumento, 9/14 • Tel. 0 55 82 61 32 • www.latendarossa.it • So, Mo mittags geschl. • €€€

»acquacotta«, eine in der Maremma gern gegessene Mangoldsuppe. Wer verschiedene **Suppen** probiert hat, wird diese Vorliebe der Toskaner verstehen, die im Gegensatz zu ihren Nachbarn den leckeren Nudelgerichten nicht ganz so zugetan sind. Das soll nicht heißen, dass es keine **Pastaspezialitäten** der Region gibt. »Pappardelle alla lepre« ist wohl die bekannteste, »tordelli« sind eine Art Ravioli, und »pici« (»pinci«) sind die dicken selbst gemachten Spaghetti.

## Zarte Fleischspeisen – vom Rost oder am Spieß

Stolz der toskanischen Küche ist die »bistecca alla fiorentina«, ein **Steak** der Rinderrasse Chianina. Es sollte mindestens 600 g schwer sein und

Die Weinlese ist nach wie vor eine mühevolle Handarbeit – aus den toskanischen Trauben gewinnt man allerdings Jahr für Jahr einige der besten Weine Italiens.

kann ohne Weiteres zu zweit gegessen werden. Vom niedrigen Preis auf der Speisekarte darf man sich nicht täuschen lassen, er bezieht sich auf je 100 g. Eine besondere Vorliebe haben die Toskaner für Huhn, das auf viele verschiedene Arten zubereitet wird.

Das mit Rosmarin und Knoblauch gebratene Schweinelendenstück »arista«, »stracotto« oder »stufatino« (»di vitello con le olive«), geschmortes Rindfleisch (Kalbfleisch mit Oliven), ein Kalbs- oder auch Wildschweinbraten, Enten, Hasen, Kaninchen und Fasane sowie die »trippa alla fiorentina« (Kutteln nach Florentiner Art) gehören zu den typischen Hauptgerichten. Viele Arten von kleinem Wildbret sowie Geflügelleber isst man gern vom Spieß, Schweinshaxe mit Linsen wird zu Weihnachten serviert, und eine Spezialität an der Küste (Livorno) ist die Fischsuppe »cacciucco«, ursprünglich ein einfaches Gericht der Fischer.

## Gebäck, Torten, Desserts

In der Toskana gibt es viele klassische **Torten** und **Desserts**, aber auch ausgezeichnetes **Gebäck**. Neben dem »zuccotto«, einem Dessertkuchen (halb gefroren), gehören die »biscotti di Prato« oder »cantucci« mit Vin Santo (einem süßen Dessertwein) zum Standardnachtisch. »Brutti e buoni« sind die »hässlich-guten« Makronen; köstlich die weichen »ricciarelli«, der berühmte »panforte« aus Siena oder der »buccellato«, ein Luccheser Hefekranz. »Brigidini«, die süßen, hauchdünnen Aniswaffeln, werden besonders bei Kirchweihfeiern verspeist; »bomboloni« sind die toskanischen Krapfen und »cenci« das Fettgebäck zur Faschingszeit.

Bis zu Ostern lässt man sich dann die »schiacciata« schmecken, von der es zur Weinlese eine köstliche Variante gibt: die »schiacciata con l'uva«, die mit blauen Trauben gebacken wird. »Pan di ramerino«, leicht gesüßt, ist das typische Fastenbrot. Im Herbst riecht es nach »castagnaccio«, einem leckeren Kuchen aus Kastanienmehl. Die **Käseliste** führen Pecorino (würziger Schafskäse), Ricotta (milder Quarkkäse) und der Blauschimmelkäse Gorgonzola an. Der Schafskäse »Marzolino« ist überall in der Toskana bekannt – als Frischkäse mit heller Rinde und als gereifter Reibkäse mit rötlicher Rinde (besonders in Pienza).

## Edle Weine: Chianti & Co.

Zum Essen trinken die Italiener in der Regel **Wein** und **Wasser**. Die Toskana gehört zu den weinreichsten Gegenden Italiens. Von allen Weinen ist wohl der **Chianti** der bekannteste. Er kommt aus der Region zwischen Florenz und Siena, vornehmlich aus den drei Gemeinden Gaiole, Castellina und Radda. Der Chianti putto stammt von den Hügeln um Rufina, Arezzo, Siena, Pisa, Florenz und südlich von Pistoia. Die einst unter dem Gallo Nero vereinten Weinproduzenten nennen sich »Consorzio del marchio storico, Chianti Classico«.

Mit »riserva« werden Weine bezeichnet, die wenigstens drei Jahre im Fass lagerten. D.O.C. steht dabei für »Denominazione di Origine Controllata« und bedeutet in etwa »kontrollierte Ursprungsbezeichnung«.

Probieren sollten Sie den im Val di Pesa angebauten, vorzüglichen Tignanello und den weißen Vernaccia di San Gimignano. Aus der Provinz Lucca stammt ebenfalls ein guter, trockener weißer Tischwein, der Montecarlo bianco. Zu empfehlen ist auch der Montecarlo rosso. Nur in der Maremma gibt es den Morellino di Scansano, der aus den Trauben Sangiovese (85%), Grenache, Canaiolo und Malvasia nera hergestellt wird.

In Trattorien wird häufig der günstige **Hauswein** (»vino della casa«) angeboten. Der beste Dessertwein »Vin Santo«, honigfarben, lieblich bis trocken, wird im Chianti getrunken.

Gegessen wird in der Regel mittags zwischen 12 und 14 Uhr (»pranzo«) sowie abends zwischen 19.30 und 22 Uhr (»cena«). Ein komplettes Menü besteht aus »antipasto« (meist kalte Vorspeisen oder warme »crostini«), einem »primo piatto« (erster Gang: Suppe, Nudel- oder Reisgericht), dem »secondo piatto« (zweiter Gang: Fleisch- oder Fischgericht) mit »contorni« (Beilagen) und dem Nachtisch, »dolci« (Süßspeisen), »frutta« (Obst) und/oder »formaggio« (Käse). Den Abschluss bilden der »caffè« (Espresso) und ein »digestivo«.

In manchen Lokalen wird es ungern gesehen, wenn man nur einen Teller Nudeln bestellt. Wer wenig ausgeben möchte, sollte nach einem Touristenmenü oder Imbisslokal Ausschau halten. Für »pane e coperto« (Brot und Gedeck) zahlt man extra, »servizio« (12–15%) ist meist eingeschlossen.

Empfehlenswerte Restaurants finden Sie bei den Orten im Kapitel ▶ **Unterwegs in der Toskana.**

Preise für ein dreigängiges Menü:

| | |
|---|---|
| €€€€ ab 100 € | €€ ab 55 € |
| €€€ ab 75 € | € bis 55 € |

# Im Fokus

**»Il pane sciocco«** In der Toskana ist das typische salzlose Brot nicht nur Beigabe zu einer Mahlzeit, sondern auch die Grundlage vieler Gerichte.

*»Florentinisches Hausbrot von feinem Mehle, mit einem Teige des vorigen Tages, oder auch mit ein wenig Hefe in Gärung gesetzt und vor allen Dingen in gehöriger Hitze mit starker Kruste ausgebacken, scheint mir, wenn es einen Tag lang an trockenem Orte abgelegen ist, eines der besten Tischbrote zu sein.«*
(Karl Friedrich v. Rumohr, 1785–1843)

In manchen bäuerlichen Gegenden wird auch heute noch einmal wöchentlich Brot im Haus gebacken. Dieses Brot (»pane casereccio« oder »filone toscano«) mit seiner goldfarbenen Oberfläche wirkt brüchig und spröde, ist wunderbar knusprig, mit einem leicht krumigen und nicht zu weichen Inneren. Kleine Geheimnisse kreisen um das so außergewöhnliche Brot. Ob es am Brennholz liegt – es sollten Zypressen-, Linden-, Eichen- und Olivenzweige sein – oder an der Temperatur des Ziegelofens, Einfluss haben sie beide auf den Geschmack.

Doch das Besondere dieses Brotes erfährt man erst beim Hineinbeißen. Erstaunte und nicht selten auch irritierte Blicke bei Fremden: Es ist völlig salzlos gebacken und dadurch ungewohnt für so manchen Gaumen. Dabei dürfte es sich um eine in der Armut früherer Zeiten verwurzelte Tradition handeln. Nicht von ungefähr sagen wir »salata« (gesalzen), wenn etwas teuer ist. Ein-

◀ Ein gedeckter Tisch ohne Brot –
undenkbar in der Toskana!

leuchtend aber ist auch, dass das salzlose Brot so hervorragend zu den vielen kräftig schmeckenden Gerichten
der Toskana passt.

## Köstliche Rituale

Bei der »prova del pane«, einem in einer Ölmühle (»frantoio«) zelebrierten
Brot(öl)-test, hält man geröstetes Brot
direkt unter das jungfräuliche, aus der
Presse tropfende Olivenöl. Wer den
Geschmack von Knoblauch liebt, reibt
zuvor die Brotscheibe damit ein. So
zubereitet heißt sie »fettunta«. Die
Möglichkeit, an einem so wunderbaren
Ritual teilzunehmen, sollte man sich
nicht entgehen lassen. Noch lange anhalten wird die Erinnerung an den Ge-
nuss des Brotes mit dem intensiven
Aroma des »olio bono«, das noch
leicht trüb und ein wenig rau ist und
bisweilen im Hals kratzen kann.
Die »bruschetta«, in ganz Italien bekannt, wird nach dem Rösten und Ölen
auch gern mit einer weichen Tomate
eingerieben. Sie erinnert an die großen ungesalzenen Brotscheiben aus
dem Mittelalter, die die nicht vorhandenen Teller ersetzten.

## Variationen mit Brot

Salzloses Brot gehört beispielsweise
in die »pappa al pomodoro«, die dicke
Tomatensuppe, in »acquacotta«, die
bäuerliche Gemüsesuppe aus der Maremma, die auch mit pochiertem Ei
gegessen wird, in die »zuppa alla frantoiana«, die weiße Bohnensuppe mit
Olivenöl, oder in die »ribollita«, die dicke, wieder aufgekochte Gemüsesuppe, außerdem in die »panzanella«, den
sommerlichen Brotsalat, der auch als
»pan bagnato« bekannt ist.

Die »crostini tradizionali« sind die gewiss bekanntesten Antipasti der Toskana. Diese gerösteten Brotscheiben
mit Leber- oder Milzfarce, die mit Ka-
pern, Sardellen, Salbei und Vin Santo
bzw. Marsala abgeschmeckt werden,
fehlen auf keinem Vorspeisenteller.
Zahlreiche Varianten – z. B. mit Boh-
nenpüree, Pilzen, Rauke, Tomaten oder
Olivencreme – sind ebenso beliebt
wie die Crostini mit Kohl (am besten
Schwarzkohl) und solche mit Pecorino.
»Pane casereccio« findet in Soßen
und als Zwischenmahlzeit, aber auch
bei gewürzten, mit Honig oder Zucker
gesüßten Nachspeisen Verwendung.
»Pan dei Santi« ist ein süßes Brot mit
Rosinen und Nüssen, das beim Kirch-
gang an Allerheiligen gesegnet wurde.
»Pan di ramerino«, ein Rosmarinbrot,
gibt es auch in süßer Form und wird
dann Fastenbrot genannt.
An Einfachheit nicht zu übertreffen
sind die nachfolgenden Brotzuberei-
tungen, die Kinder und Erwachsene
zum Frühstück oder zur »merenda«
(Vesper) schätzen: »pane e latte« (in
kurz erwärmter Milch eingeweichte
Brotreste); »pane, acqua, vino e zuc-
chero« (altbackenes Brot mit Wasser
und Wein benässt und dann mit Zucker bestreut); »pane e olio« (Brotscheiben mit ein wenig Salz bestreut
und mit Olivenöl benetzt); »pane, mie-
le e noci« (eine Brotscheibe, bestri-
chen mit einem Esslöffel Honig und
mit klein gehackten Nüssen bestreut).
Wer einmal die Erfahrung gemacht hat,
wie sich das salzlose Brot – ob nun alt-
backen oder frisch, in runden Laiben
oder als »filone« gebacken – mit wenigen Zutaten in ein einfaches und wohl-
schmeckendes Gericht verwandeln
lässt, wird gut verstehen, warum man
in der Toskana nicht einmal die Krumen
des Brotes wegwirft.

# grüner
## reisen

Wer zu Hause umweltbewusst lebt, möchte dies vielleicht auch im Urlaub tun. Mit unseren Empfehlungen im Kapitel grüner reisen wollen wir Ihnen helfen, Ihre »grünen« Ideale an Ihrem Urlaubsort zu verwirklichen und Menschen zu unterstützen, denen ein verantwortungsvoller Umgang mit der Natur am Herzen liegt.

## Ökologisches Bewusstsein setzt sich durch

In Italien und ganz besonders in der Toskana ist ein bewusster Umgang mit der Natur schon lange kein Fremdwort mehr. So verleiht die 1987 ins Leben gerufene Umweltstiftung FEE (Foundation for Environmental Education mit Sitz in Rom) all jenen Einrichtungen den »Grünen Schlüssel« als Umweltzertifikat, die sich für einen nachhaltigen Tourismus einsetzen. Mit der »Blauen Flagge« wiederum wurden im Jahr 2009 allein 16 Strände der Toskana für ihre hervorragende Wasserqualität ausgezeichnet. Auch wächst die Zahl der kleinen Läden und Märkte, die Produkte aus biologischem Anbau anbieten. Und immer häufiger weisen um die Gesundheit ihrer Gäste besorgte Hotelbetriebe darauf hin, dass Elektrosmog oder die Verwendung giftiger Farbstoffe bei ihnen tabu ist. Und nicht genug damit! Im Agriturismo, wie auf dem Landgut San Lorenzo, legt man inzwischen erfolgreich Teiche an, in denen ein symbiotisches Zusammenspiel von Wasserpflanzen, Kleinstlebewesen und Mikroorganismen für ein Badevergnügen ganz ohne chemische Zusätze, ohne tränende Augen und ohne lästigen Chlorgeruch sorgt.

## ÜBERNACHTEN
### Bio Agriturismo Il Cerreto

▶ S. 145, F 11

In Montegemoli führen Paola und Carlo Bovi Brinio einen biodynamischen Hof, bestehend aus einem alten Turm (1700) mit zwei angebauten Bauernhäusern und einer ehemaligen Schule. Zimmer und Apartments sind nach Kriterien des Biohauses restauriert; Möbel und Betten wurden mit ungiftigen Farben behandelt und räumlich so angeordnet, dass sie dem Wohlbefinden der Gäste zuträglich sind. Die Energiegewinnung wird zum Teil durch Solarzellen gedeckt. Das Wasser des Schwimmbads, eigentlich ein Bio-See mit wunderbarem Ökosystem, wird auf natürliche Weise von Wasserpflanzen gereinigt, gefiltert und fließt dann in einen mit Schilf bedeckten Regenerations-See ab. Durch Kies, Sand und Zeolith nochmals gefiltert, wird es wieder zurückgepumpt. Im Restaurant wird mit eigenen Produkten auch vegetarisch gekocht. Paola plant den Anbau von Heilpflanzen. Der Safran, ein Gewürz mit verblüffenden Eigenschaften, interessiert sie besonders, da er seit der Antike im Raum San Gimignano und Volterra angebaut wurde.
Pomarance, Loc. Cerreto • Tel. 0 58 86 42 13 • www.bioagriturismoilcerreto. it • 5 Zimmer • €

### Poderi Arcangelo

▶ S. 145, F 10

Gesunde Ferien auf dem Bauernhof und nebenbei auch Teil dieser Hofgemeinschaft werden: Im ehemaligen Heuboden des Gutshofs »Casa Bio« hat Familie Mora unter Berücksichtigung natürlicher und ökologischer Materialien drei Zimmer und eine Suite ausgebaut. Die Betten sind aus Eukalyptusholz, ohne Verwendung von Metall oder synthetischen Klebstoffen. Die Räume sind nach Feng Shui gestaltet. Harmonisch bleiben die Ferientage auch deshalb, weil hier elektromagnetische Felder neutralisiert werden. Überlieferungen zufolge war hier einmal ein Kloster, in dem aus Certaldo vertriebene Kranke und Bedürftige von Mönchen versorgt und aufgenommen wurden. Vier Bauernhäuser umfasst das Dorf, und alle sind von besonderem Reiz: Panoramablicke, Schwimmbäder, beste Ausstattung mit toskanischen Materialien. Für schmackhafte landestypische Gerichte sorgt in der Küche Maria, die qualitätsvollen Weine des biologischen Anbaus kommen aus dem eigenen Keller. Die Weine und die Produkte der Fattoria können verkostet und erworben werden.
San Gimignano, Loc. Capezzano • Tel. 05 77 94 44 04 • www.poderi arcangelo.it • 3 Zimmer, 1 Suite • €

### Podere San Lorenzo ▶ S. 145, F 10

Nicht versteckt und nicht am Ende der Welt, sondern in ländlicher Umgebung im Herzen der Toskana ist dieser Natur-Badespaß im Landgut San Lorenzo zu haben: ideal für begeisterte Naturschwimmer, die sich einmal nicht für das Meer entschieden haben. Baden ganz ohne chemische Zusätze, ohne tränende Augen, ohne Chlorgeruch, und auch sonst reizen keine giftigen Substanzen die Haut! Ein symbiotisches Zusammenspiel von Wasserpflanzen, Kleinstlebewesen und Mikroorganismen ist die Basis für dieses biologische Nass, das sauberer ist als es europäische Normen vorschreiben. Festgestellt hat das immerhin die Universität Pisa. Das Podere San Lorenzo mit Bauernhaus, Ställen und einer alten Bäckerei entwickelte sich im Lauf vieler Generationen um die kleine romanische Kirche. Umgeben von Oliven-

bäumen, deren Früchte das »Grüne Gold« von außergewöhnlicher Reinheit und Geschmack erzeugen, da man keine Pestizide verwendet. Obst und Gemüse stammen ebenfalls aus eigenem Anbau. Eine toskanische »cena« kann so zu den besonderen Kirchenschätzen gehören, wenn sie in den heiligen Mauern eingenommen wird. In der vor dem Jahr 1300 errichteten und stilgerecht restaurierten kleinen Franziskanerkirche kann man dies bei Kerzenschein erleben: Es ist der Speiseraum des Anwesens. Ein Picknick am Waldesrand, an einer sprudelnden Quelle oder am Feuchtbiotop mit blühenden Seerosen ist für Spaziergänger Erholung pur. Abwechslung versprechen Reiten, Radfahren und Kochkurse.
Volterra, Loc. Strada, Via Allori, 80 • Tel. 0 58 83 90 80 • www.agriturismo sanlorenzo.it • 9 Wohnungen • €

### Villa Maya                  ▶ S. 145, D 9

Die Villa zählt zu den wenigen Hotels in der Toskana, die nach rein ökologischen Gesichtspunkten renoviert wurde. Bei Familie Diolaiti gehört der Elektrosmog nun der Vergangenheit an. Wo Strom fließt, entsteht ein Magnetfeld. Das gesamte Anwesen ist entstört, und beim Renovieren wurden ausschließlich ungiftige Farben benutzt. Wohlfühlen durch einen besseren Schlaf ist ein wichtiges Kriterium. Dottore Moreno Diolaiti führt in der Villa regelmäßig Konferenzen über diese Thematiken durch. Die Zimmer sind im Haupthaus geräumig und mit Antiquitäten ausgestattet. Zum Frühstücken trifft man sich in der antiken Küche, die »tisaneria«, das Tee- und Kaffeehaus im Garten, lädt zum Verweilen ein.
Latignano di Cascina, Via Piccina, 12 • Tel. 0 50 78 01 12 • www.villamaya.it • 20 Zimmer, 1 Apartment • €

### ESSEN UND TRINKEN

### BioBistrot ▶ Klappe hinten, nördl. a 1

Seit Februar 2008 verköstigen Federico und seine Frau Maria Cristina ihre Gäste mit vegetarischen Gerichten im ersten BioEistrot in Florenz. Selbst im Familienbetrieb auf dem Land aufgewachsen, wo sie heute ein erstklassiges Olivenöl herstellen, das im Lokal verwendet wird, haben beide schnell erkannt, wie wichtig der persönliche Kontakt zu den Produzenten ist. Zu wissen, aus welchem biodynamischen Hof Getreide und Pasta kommen, die Käserei zu kennen und auch, wo deren Schafe und Ziegen weiden, ist für sie oberstes Gebot. Nun wollen sie aus ihrer eigenen Produktion Brot, Gebäck, Säfte und auch Bier anbieten. Auf Dosen, Schachteln und Verpackungen aller Art sowie Flaschen versucht man zu verzichten. Dienstags und freitags wird das Lokal zum Treffpunkt der Gruppe GAS (Gruppo di acuisto solidale), das sind solidarische Einkaufsgruppen.
Florenz, Via Pacini, 45/47 (Zona Viale Redi/S. Jacopino) • Tel. 0 55 35 97 04 • www.biobistrot.it • Mo–Fr 11–23, Sa 19–23 Uhr • €

### EINKAUFEN

### Azienda agricola podere
### Le Fornaci        ▶ S. 146, B 14

Marco, Gabriele und Elisa beanspruchen für sich, in ihrem kleinen Familienbetrieb eine ganz besondere Qualität herzustellen, was viele ihrer Kunden auch bestätigen. Im Jahr 2000 begannen sie auf einem Hof in der Nähe von Greve in Chianti. Die heute auf etwa 60 Schafe angewachsene Herde wird unter strengen biologischen Gesichtspunkten aufgezogen und ausschließlich homöopathisch behandelt. Für den Verkauf ihrer Produkte sorgen sie selbst: Sie stehen auf verschiedenen

Wer gesunde und harmonische Ferien auf einem ökologischen Bauernhof verbringen möchte, ist bei Poderi Arcangelo (▶ S. 21) bei San Gimignano an der richtigen Adresse.

Biomärkten der Region, und natürlich kann man den köstlichen Pecorino auch auf dem Hof erwerben. Etliche namhafte Restaurants servieren ihren Gästen die vorzüglichen »caprino fresco«, »crosta fiorita«, »lattiche bianche«, »toma classica« oder die »ricotta«. Greve in Chianti, Via di Citille, 74 • Tel. 05 58 54 60 10 • www.poderele fornaci.it • Besichtigung mit Verköstigung für Gruppen ab 6 Pers.: 10 Uhr (leichtes Mittagessen), 17 Uhr (Abendessen mit lokalen Produkten)

## AKTIVITÄTEN

### Padule di Fucecchio   ▶ S. 145, E 9

Über 200 Vogelarten machen auf ihrem Weg vom Tyrrhenischen Meer ins Inland am Padule di Fucecchio halt. Das Sumpfgebiet ist ein Refugium für zahlreiche seltene Pflanzenarten, die anderswo längst ausgestorben sind.

Durch die besondere geografische Lage treffen hier mediterranes und kontinentales Klima aufeinander: ein Eldorado für Ornithologen, Botaniker und Naturfotografen. 1800 Hektar groß ist der Sumpf, davon sind 200 Hektar Naturschutzgebiet. Das Forschungs- und Dokumentationszentrum in Castelmartini organisiert jedes Jahr ab März geführte Wandertouren durch den Padule. Auf einem historischen Rundweg gibt es in Massarella aus Schilfrohr geflochtene Körbe und beim Canale Capannone ein Tabakhaus, in dem früher Tabakblätter getrocknet wurden, zu besichtigen. Beste Besuchszeit ist von März bis Anfang Juni. Im ortsansässigen **Museo Civico** (Fucecchio, Piazza Vittorio Veneto, 27, Mi–Fr 10–13, Sa, So 10–13, 16–19 Uhr) wird die Entwicklung des Padule nachgezeichnet. www.zoneumidetoscane.it

# Einkaufen
Attraktives Shoppingparadies auf bunten Märkten und in noblen Boutiquen: Im Vordergrund stehen Kunsthandwerk, Antiquitäten, Designerschnäppchen oder wunderschöne Mitbringsel für das leibliche Wohl.

◄ Die Via de' Tornabuoni (► S. 54) ist der Laufsteg von Florenz. Alle Top-Labels der Modeszene haben hier eine Dependance.

In der Arnostadt Florenz gibt es zweifellos die vielfältigsten Geschäfte: kostbare **Antiquitäten** in der Via de' Fossi und Via Maggio sowie rund um die Piazza Ognissanti; **Antik- und Handwerksläden** am Borgo Santo Spirito und Borgo San Jacopo, exklusive **Juwelen** vor allem auf dem Ponte Vecchio. Die eleganteste und teuerste Einkaufsstraße ist die Via de' Tornabuoni mit luxuriöser **Damen-** und **Herrenmode** führender Designerlabels. **Kunsthandwerk** mit Lederartikeln findet man vorwiegend rund um die Piazza Santa Croce.
**Korb-** oder **Strohwaren** sowie Geschenkartikel gibt es v. a. unter der Loggia del Mercato Nuovo, **Spitzenarbeiten** und **Stickereien** in der Via Calimala und in der Via Por Santa Maria. Kunstvolle **Brokat-** und **Seidenstoffe** erhält man in der Via dei Fossi und der Via Bartolini. **Keramik** ist in der Via Egidio, Via dei Benci und an der Piazza Salvemini im Angebot. Volterra ist die Stadt des Alabasters (»alabastro«), Schmiedeeisen (»ferro battuto«) findet man vor allem in Gallinaco (Garfagnana). Besonders bekannt für Keramik sind Cortona, Arezzo, Florenz, Siena und Grosseto. Colle Val d'Elsa ist für die Verarbeitung von **grünem Glas** (auch Glasfenster) und Empoli für **Trinkgläser** aller Art bekannt. Das Weben, la »tessitura«, nach überlieferten Methoden wird noch in einigen kleinen Ortschaften, wie etwa in Castelnuovo Garfagnana, Berga, Stia, Poppi und Roccalbegna, betrieben.
Vom Wein bis zu feinen köstlichen Souvenirs – wie Honig, Marmela-

**MERIAN-Tipp**

**DESIGNERSCHNÄPPCHEN**
Italienische Designerlampen, auch im venezianischen Stil, gibt es bei **Bartalini Lampadari** in der Via Martiri della Libertà (Colle Val d'Elsa, www.lampadaribartalini.it, Mo–Sa 9–12.30, 15.30–20 Uhr ► S. 146, A 14). Fabrik-Shopping für die ganze Familie bei **Maglificio Denny**: Strickwaren aus Wolle, Kaschmir, Mischgewebe, Baumwolle und Viskose (Via Santa Gonda, 3, Prato, www.denny.it, Mo–Sa 9–13, 15–19.30 Uhr, jeden 2. So des Monats 15.30–19.30 Uhr, Aug. geschl. ► S. 142, A 8). Die exklusiven Modeartikel von **Gucci** sind im Fabrikverkauf von einiges erschwinglicher (The Mall, Viale Europa, Leccio–Reggello, Mo–Sa 10–19, So 15–19 Uhr ► S. 146, B/C 13).

den, Schafskäse oder Wildschweinwürste sowie das hervorragende Olivenöl – wird auf den zahlreichen Märkten, aber auch in den Fattorien eine reichhaltige Palette feilgeboten. Die Geschäfte sind in der Regel täglich außer sonn- und feiertags von 8.30/9 bis 12.30/13 und von 15/16 bis 19/20 Uhr geöffnet. Am Montagvormittag bleiben die meisten Bekleidungsgeschäfte, am Mittwochnachmittag dann die Lebensmittelläden geschlossen. Die wechselnden **Wochenmärkte** beginnen frühmorgens, schließen dafür aber schon zwischen 12 und 14 Uhr.

Empfehlenswerte Geschäfte und Märkte finden Sie bei den Orten im Kapitel ► **Unterwegs in der Toskana.**

# Feste und Events
Bühne frei für spekta-
kuläre Reiterkämpfe und prachtvolle Umzüge in historischen
Kostümen. Auch ruppige Ballspiele, Laternenumzüge und ein
traditionelles Kräftemessen stehen auf dem Festkalender.

◄ Beim Palio, dem Reiterwettstreit in Siena (► MERIAN-Tipp, S. 27), ringen Vertreter der Stadtbezirke um den Sieg.

## FEBRUAR
### Carnevale di Viareggio
Buntes Faschingstreiben.
Zwei Sonntage vor und einer nach dem Faschingsdienstag

## MÄRZ/APRIL
### Lo Scoppio del Carro, Florenz
Ein geschmückter Ochsenkarren explodiert auf dem Domplatz.
Ostersonntag • www.comune.fi.it

## JUNI
### Regata Storica e Luminara di San Ranieri, Pisa 👪
Der Bootwettstreit wird von vier Stadtteilen ausgetragen und Tausenden umjubelt. Am Vorabend traumhafte Lichterimpressionen am Fluss.
16. und 17. Juni • www.comune.pisa.it

### Calcio Storico in Costume e Festa di San Giovanni, Florenz
Am Tag des Schutzpatrons von Florenz findet ein Fußballspiel in historischen Kostümen auf der Piazza Santa Croce statt. Feuerwerk am Abend.
Am 24. Juni und an zwei jährlich neu festgelegten Tagen, meist zwischen 7. und 14. Juni • www.comune.fi.it

### Gioco del Ponte, Pisa 👪
Kräftemessen: Zwölf Teams mit 240 kostümierten »Mannen« lassen auf der Brücke ihre Muskeln spielen.
Letzter So im Juni

## JUNI–SEPTEMBER
### Estate Fiesolana, Fiesole
Tanz, Musik, Theater und Film im Teatro Romano in Fiesole.
www.estatefiesolana.it

---

**MERIAN-Tipp**  **4**

### IL PALIO DELLE CONTRADE
► S. 146, B 15

Das berühmte Pferderennen auf der Piazza del Campo in Siena ist ein Wettstreit der einzelnen Stadtteile. Mit dem Segen des Pfarrers wird das auserwählte Pferd zum Start geschickt: »Va' e torna vincitore« – Geh und komme als Sieger zurück. So ein Start kann sich hinziehen, aber bald steht in drei schnellen Runden der Sieger fest. Dann werden »fantino« und Pferd gebührend bis zum Morgengrauen gefeiert.
2. Juli, 16. August • Siena • www.ilpaliodisiena.com

## JULI/AUGUST
### Giostra dell'Orso, Pistoia
Auf dem Domplatz galoppieren zwölf Ritter auf zwei als Bären stilisierte Zielscheiben zu.
25. Juli • www.comune.pistoia.it

### Il Palio delle Contrade
► MERIAN-Tipp, S. 27

## SEPTEMBER
### La Rificolona, Florenz 👪
Mit bunten, selbst gebastelten Laternen ziehen Kinder abends durch die Straßen von Florenz und treffen sich auf der Piazza Santissima Annunziata.
7. September • www.comune.fi.it

### Il Volto Santo e la Luminara di Santa Croce, Lucca
Wichtiges religiöses Fest mit Prozession und Fackelzug durch die nächtliche Innenstadt.
13. und 14. September • www.lucca turismo.it

# Sport und Strände
Schöne Buchten locken an der Riviera degli Etruschi, lange Sandstrände an der Riviera della Versilia. Dazu zahlreiche Golfplätze, markierte Wanderrouten und Pferdegestüte für Aktivurlauber.

◄ Badefreuden am Strand von Cavoli: Herrliche, einsam gelegene Buchten gibt es auf Elba (► S. 120) wie Sand am Meer.

Sport bedeutet für die meisten Urlauber Wassersport. Zum Segeln (»vela«) und Tauchen (»subacqueo«) gibt es an der 329 km langen Küste mit den Inseln Elba und Giglio Möglichkeiten jeder Art. Berühmte und elegante Badeorte der Versilia, wie **Viareggio** und **Forte dei Marmi,** verfügen über einen Sandstrand.

Von Livorno bis Piombino, an der **Riviera degli Etruschi,** stößt man auf schmale, von Felsen umrahmte Buchten, die sich mit längeren Sandstränden und Schatten spendenden Pinienwäldern abwechseln.

**Punta Ala** mit Jachthafen und Golfplatz, das eher ein mondänes Publikum anzieht, und **Castiglione della Pescaia,** der einfache, beschauliche Badeort, gehören schon zur Maremma. Der **Monte Argentario** ist inzwischen mit dem Festland durch drei Dämme verbunden. **Porto Santo Stefano** ist der Hafen für die Überfahrt auf die Insel Giglio. Ein Kultururlaub in der Toskana lässt sich also gut mit etwas Erholung an einem der vielen Strände verbinden.

### ANGELN

Eine gebührenpflichtige Angelgenehmigung für die Seen und Bäche der Toskana ist bei der zuständigen Verwaltung (Auskunft im Fremdenverkehrsbüro) zu erhalten. Angeln im Meer ist kostenlos.

### BILLARD
### Biliardi Gambrinus

► Klappe hinten, c 2

Florenz, Via dei Vecchietti, 16 r • Tel. 0 55 21 43 08

### GOLF

Die Toskana bietet Golfspielern zehn äußerst reizvolle Plätze, z. B. in der Maremma, bei Florenz, in Punta Ala, Montecatini, Tirrenia und auf Elba.

### Club dell'Ugolino   ► S. 146, A 13

Grassina, Strada Chiantigiana, 3, • Tel. 05 52 30 10 09 • www.golfugolino.it

### Golf Club Punta Ala   ► S. 149, E 18

Punta Ala/Grosseto, Via del Golf, 1 • Tel. 05 64 92 21 21 • www.puntaala.net

### Golf Club Le Pavoniere ► S. 142, A 8

Prato, Via Traversa il Crocefisso • Tel. 05 74 62 08 55 • www.golfclub lepavoniere.it

### Golf Club Poggio dei Medici

► S. 142, B 8

Scarperia, Loc. Cignano, Via San Gavino, 27 • Tel. 05 58 43 04 36 • www.poggiodeimedici.com

### REITEN

Reiten kann man an vielen Orten in der Toskana (Infos im Hotel oder im Fremdenverkehrsbüro). Pferderennbahnen gibt es in Grosseto, Pisa, Florenz, Livorno und Montecatini.

### Ippodromo »Le Cascine«

Für Galopprennen.
Florenz, Piazzale delle Cascine • www.ippodromifiorentini.it

### Ippodromo »Le Mulina«

Für Trabrennen.
Florenz, Viale del Pegaso • www.ippodromifiorentini.it

### Centro Ippico Toscano

Für Aktive.
Florenz, Via dei Vespucci, 5a • www.centroippocotoscano.it

## WANDERN

Die Toskana lässt sich auch gut erwandern. Sehr hilfreich ist das Faltblatt des italienischen Alpenvereins »Trekking in Toscana«. Die weiß-rot markierten Wanderrouten erschließen die Garfagnana, Monte Amiata und Apennin. Nähere Infos bei:

### CAI (Club Alpino Italiano)
**Sezione Firenze**
▸ Klappe hinten, östl. f 4
Via del Mezzetta, 2 M • Tel. 05 56 12 04 76 • www.cai.it • Mo–Do 16–19, Fr auch 9–13 Uhr, So geschl.

### Wanderkarten
Kartenmaterial im Maßstab 1:25 000 gibt es von Edizioni Multigrafic.

## WASSERSPORT

Auf Elba gibt es viele Segelschulen unter deutscher Leitung. Sporttaucher finden bei Giglio gute Reviere. Klubs in Giglio Porto und Giglio Campese führen Kurse für Unterwasserfotografie durch.

### Segelschule auf Elba
### (scuola di vela)   ▸ S. 148, C 18
Loc. Bagnaia, Portoferraio, Villa Marmori • Tel. 05 65 96 10 90

## STRÄNDE
### INSELN
### Elba ⭐
▸ S. 121 und S. 148/149, C/D 18

Der Strand **Fetovaia** an der Südwestküste Elbas ist der berühmteste der Insel. Hier findet man kristallklares Wasser in einer eindrucksvollen Bucht aus Granit, die sich zur Hochsaison mit Booten füllt. Ruhiger ist es auf der anderen Inselseite am Strand von **Biodola**, den Sie nach wenigen Kilometern von Portoferraio aus erreichen. In der Nähe liegt der schöne und weniger frequentierte Strand **Scaglieri**. Von jungen Leuten bevorzugt wird der Strand von **Cavoli**, südwestlich zwischen Punta di Fetovaia und Capo di Poro. Sehr schön ist auch der zwischen Procchio und Marciana Marina gelegene Strand von **Paolina**. Des Weiteren nicht weit von Portoferraio der zum Träumen einladende Strand von **Padulella**; schwarz ist der Strand von **Terranera**, oberhalb von Porto Azzurro.

### Giglio ⭐   ▸ S. 149, F 20
Zu den Topstränden zählt unterhalb von Giglio **Porto Le Cannnelle**, wo man auch Sonnenschirme mieten kann. Für den kleinen und großen Hunger gibt es hervorragende Bars und Restaurants. Etwas weiter südlich erreicht man zu Fuß oder mit dem Boot den kleinen Strand **La Caldana**. Der traumhafte Sandstrand von **Campese** an der nordwestlichen Seite der Insel ist längst kein Geheimtipp mehr. Wem es hier in der Hochsaison zu voll ist, dem sei der nur 2 km entfernte, ruhigere Strand **Cala dell'Allume** empfohlen.

### RIVIERA DEGLI ETRUSCHI
### Castiglioncello   ▸ S. 145, D 11
Verfügt über hübsche kleine Badebuchten, schmale Sand- und Felsstrände, bunte Strandkabinen.

### Vada 🏖️   ▸ S. 145, D 11
Lädt zum Baden mit einem herrlich breiten Sandstrand ein.

### Marina di Cecina, Marina di Castagneto-Donoratico und
### San Vincenzo 🏖️   ▸ S. 145, D 11
Schöne Pinienwälder reichen hier direkt an die flach abfallenden, lan-

Freunde des Segelsports sind auf Elba und Giglio (▸ S. 120) bestens aufgehoben.
Zahlreiche Clubs und Segelschulen stellen das Equipment und vermitteln Kenntnisse.

gen Sandstrände heran. Zahlreiche Campingplätze sind vorhanden.

### Punta Ala ▸ S. 149, E 18

Endlos pinienbewaldet liegt der feudale Badeort an dem wohl schönsten Fleckchen dieser Küste.

### Castiglione della Pescaia
▸ S. 149, F 18

Dieser gewachsene, alte Badeort am Flüsschen Bruna verfügt über einen schmalen Sandstrand.

### VERSILIA

### Viareggio ▸ S. 140, C 4

Bedeutendes Seebad mit schöner Uferpromenade und feinsandigem, flach abfallendem Strand.

### Forte dei Marmi ▸ S. 140, C 4

Ehemals der mondänste Badeort der Küste mit einem breiten, 4 km langen Sandstrand, hübschen Badekabinen, einer ungefähr 300 m langen Mole, gepflegten Badeanstalten und ohne Campingplätze.

# Familientipps

Ein Besuch bei lebensgroßen Dinosauriern, auf der Fährte des kleinen Helden Pinocchio in Collodi oder eine spannende Fahrt mit der Dampflok bringen Abwechslung in das Kultur- und Badeprogramm.

◄ Spiel, Spaß und Spannung für Kinder verspricht ein Ausflug zum Parco di Pinocchio (► S. 33) in Collodi.

## Museo d'Arte per Bambini

Kunst und ihre Geschichte zum Anfassen und Nachmachen organisiert die Gemeinde von Siena für Kinder bis zu elf Jahren.
Siena, Complesso Museale del Santa Maria della Scala, Piazza del Duomo, 2 • Tel. 0 57 74 65 17 • www.comune. siena.it/bambimus • Mo–Fr 8.30– 15.30 Uhr

## Parco divertimenti Cavallino Matto   ► S. 145, D 12

Mit dem »verrückten« Pferd reisen Groß und Klein durch ein antikes Ägypten oder einen Fantasietunnel und vergnügen sich in den zahlreichen Wasserattraktionen mitten im schattigen Pinienwald.
Marina di Castagneto, Via Po, 1 • Tel. 05 65 74 57 20 • www.cavallino matto.it • Mai–Juli, Sept. 10–18, Aug. 10–19, sonst nur an Wochenenden 10–18 Uhr • Eintritt 20 €, Kinder 16 €

## Parco di Pinocchio   ► S. 141, E 4

Auf den Spuren von Pinocchio, dem vermutlich bekanntesten italienischen »Romanhelden«, begegnet man in einem weiten Märchenpark einer Vielzahl von übergroßen Tierplastiken, geschaffen von bekannten Künstlern – darunter dem Wasser prustenden Walfisch, dem Fuchs oder der Katze. Da es sich hier um keinen Spielplatz im herkömmlichen Sinn bzw. einen klassischen Vergnügungspark handelt, gibt es während der Sommermonate spezielle Kinderprogramme und Ausstellungen, in deren Rahmen die Abenteuer des berühmten, nasenlangen Helden erzählt werden. In einer Snackbar, einer Osteria oder auf den schönen Picknickplätzen mit Holzbänken und -tischen in ausreichender Zahl schmeckt die »merenda« (Brotzeit) am besten.
Collodi/Pescia • Tel. 05 72 42 93 42 • www.pinocchio.it • tgl. 8.30 Uhr bis Sonnenuntergang • Eintritt 10 €, Kinder 7 €, März–Okt. 11 €/8 €

## Parco Preistorico (Dinosaurierpark)   ► S. 145, E 10

Wem verschlägt es da nicht den Atem: 21 lebensgroße Dinosaurier in offener Landschaft beeindrucken die Kinder wie auch ihre Eltern.
Pèccioli/Pisa, Via dei Cappuccini, 20 • Tel. 05 87 63 60 30 • www.parcopre istorico.it • tgl. 9 Uhr bis Sonnenuntergang • Eintritt 4 €, Kinder 3 €

## Ristorante in Vetrina

Unter dem Motto »Vetrina Toscana in tavola« bieten etwa 640 Restaurants aus der Region Kindern und Jugendlichen unter 14 Jahren ein toskanisches Menü zum halben Preis.
www. vetrina-toscano.it

## Treno Natura   ► S. 146, B 15

Dieser »Dampfzug« ist das reine Kindervergnügen. Die schöne Landschaft durch die riesigen Fenster betrachten, immer wieder mal aussteigen, die Gegend erkunden, ein Stück mit dem Fahrrad fahren und auf eine Überraschung hoffen (142 km Siena–Asciano–Monte Antico–Siena).
Ufficio FVO • Tel. 05 77 20 74 13 und 33 88 99 25 77 • www.ferrovie turistiche.it

👫 Weitere Familientipps sind durch dieses Symbol gekennzeichnet.

Eine feste Größe im Besuchsprogramm:
über den Ponte Vecchio (▸ S. 40), die
älteste Brücke von Florenz, schlendern
und die Auslagen der Juweliere bestaunen.

# Unterwegs
## in der Toskana

Lucca, Pisa, Florenz, Arezzo, Siena … Unübertroffene Baukunst und Wiege der urbanen Zivilisation! Die Kultur der Toskana spiegelt sich im Reichtum ihrer Städte.

# Florenz und der Norden
Die Königin der Kunstmetropolen und Wiege der Renaissance ist umgeben von reizvollen Landschaften, prächtigen Weingütern, malerischen Orten und bezaubernden Medici-Villen.

◄ Das mächtige Halbrund von Brunelle-schis Kuppel über dem Florentiner Dom (► S. 38) gilt als Wahrzeichen der Stadt.

Von **Montecatini**, dem wohl be-kanntesten Heilbad Italiens, ist es nicht weit bis zur landwirtschaftlich und industriell blühenden Provinz-hauptstadt **Pistoia** und zu **Prato**, der toskanischen Textilmetropole. Von hier grüßt bereits die gewaltige Kup-pel des Doms von **Florenz**. Künstler wie Giotto und Brunelleschi, Ghi-berti, Donatello oder Botticelli und schließlich Michelangelo haben die-se in Europa so einzigartige Kultur-metropole geprägt. Auf einem der Hügel thront **Fiesole**, einst bedeu-tende etruskische Siedlung und reich an kultur- und kunstgeschichtlichen Zeugnissen. Zahlreich auch die Vil-len, die sich die Medici außerhalb von Florenz auf dem Land bauen lie-ßen. Im kleinen Städtchen **Vinci**, dem Geburtsort Leonardo da Vincis, legt das Museo Leonardiano Zeugnis ab über die Entwürfe und Modelle dieses Universalgenies.

## Florenz ⭐

► S. 146, A 13

365 000 Einwohner
Stadtplan ► Klappe hinten

Die Orientierung ist leicht: So gut wie alle Sehenswürdigkeiten lassen sich erlaufen. Die Rede ist vom histo-rischen Florenz, jenem Teil der Stadt, der bereits vor über 650 Jahren von dem zwischen 1284 und 1333 erbau-ten Mauerring umschlossen wurde. Das mittelalterliche Florenz hat auf nördlichen Seite des Arno seine ei-gentliche Mitte. Es folgt dem Verlauf der einstigen römischen Befestigungs-mauer, der »cerchia«, und umfasst auch die Stadtteile Santo Spirito und San Frediano südlich des Flusses.

Hier, auf dem Schachbrett zwischen der eleganten **Via de' Tornabuoni** und der etwas dunkleren **Via Proconsolo**, dem **Dom** und dem **Palazzo Vecchio**, sind, wie in keiner anderen europäi-schen Kulturstadt, die wunderbarsten Werke der abendländischen Malerei, Bildhauerkunst und Architektur in unglaublicher Zahl vereint. Ein Drit-tel aller Kunstschätze Italiens befin-det sich in Florenz und in seiner nä-heren Umgebung. Dabei gerät leicht in Vergessenheit, dass Florenz auch das Wirtschaftszentrum der Toskana ist. Von den 3,61 Mio. Menschen der Region lebt ca. ein Drittel in der wohlhabenden Provinz Florenz.

### SEHENSWERTES
#### Battistero San Giovanni

► Klappe hinten, d 2

Die achteckige Taufkirche, die dem Schutzpatron von Florenz geweiht ist, erhielt ihre heutige Gestalt im 11. bis 13. Jh. Die drei Bronzetüren sind weltberühmt: Die älteste, die Südtür (1330), schmückte Andrea Pisano mit Szenen aus der Vita Johannes des Täufers. Die Nordtür (1403–1425) mit Reliefs zum Leben Christi ist Ergebnis eines Wettbewerbs, den Lo-renzo Ghiberti gegen Brunelleschi gewann. Mit der dem Dom zugewandten Osttür und ihren Szenen aus dem Alten Testament – von Michelangelo »Paradiestür« getauft – bewies Ghiberti (1425–1452) sein Können. Im Innern sind die Mosaikarbeiten der Kuppel und Apsis mit dem Jüngsten Gericht und dem Weltenherrscher Christus Werke der byzantinisch-venezianischen Mosaikschule des 13./14. Jh.

Piazza di San Giovanni • tgl. 12–19, 1. Sa im Monat, So, feiertags 8.30–14 Uhr • Eintritt 4 €

### Duomo Santa Maria del Fiore
▶ Klappe hinten, d 2

Der Dom wurde 1284 unter dem Baumeister Arnolfo di Cambio begonnen. Erst 1436 konnte der monumentale Bau von Papst Eugen VI. geweiht werden. Später wurden auch Giotto (Campanile, 1334–1337) und Filippo Brunelleschi (Domkuppel, 1418–1436) berufen. Die Marmorfassade wurde erst im 19. Jh. ausgeführt. Die 153 m lange, dreischiffige Basilika – mit Tribuna (Drei-Apsiden-Anlage) und Vierungskuppel – ist die viertgrößte Kirche Europas. Die gewaltige Kuppel gilt als technische Meisterleistung der frühen Renaissance und wurde von Vasari und Zuccari im 16. Jh. mit Darstellungen zum »Jüngsten Gericht« ausgemalt.

Piazza del Duomo • Mo–Mi, Fr 10–17, Do 10–16/16.30, Sa 10–16.45, So, feiertags 13.30–16.45 Uhr • Eintritt frei

---

## WUSSTEN SIE, DASS ...

... die Florentiner im 14. Jh. ihr Getreide in einer Kirche lagerten? An den Außenwänden von Orsanmichele befinden sich die Wappen der damaligen Zünfte der Stadt.

---

### Forte di Belvedere ♟♟
▶ Klappe hinten, c 6

Die Festung wurde Ende des 16. Jh. im Auftrag der Medici von Bernardo Buontalenti errichtet. Das Belvedere erhebt sich als Palast über den Verteidigungsanlagen.

Via del Forte di San Giorgio

### Giardino di Boboli ♟♟
▶ Klappe hinten, b/c 6

Mit seinen Grotten, Statuen, dem zauberhaften Kaffeehaus von del Rosso aus dem Jahr 1775 und dem mächtigen **Palazzo Pitti** – im 15. und 16. Jh. nach Plänen Brunelleschis erbaut – ist der Boboli-Garten eine der weitläufigsten Parkanlagen in Florenz. Im Palazzo Pitti sind einige interessante Museen untergebracht.

Piazza Pitti
– Giardino di Boboli: Juni–Aug. tgl. 8.15–19.30 Uhr, 1. und letzter Mo im Monat geschl. • Eintritt 7 € (inkl. Museo degli Argenti, Museo delle Porcellane, Galleria del Costume und Giardino Bardini)
– Galleria d'Arte Moderna und Galleria Palatina: Di–So 8.15–18.50 Uhr • Eintritt 8,50 € • www.polomuseale. firenze.it/musei

### Orsanmichele ▶ Klappe hinten, c 3

Zwischen Piazza Duomo und Piazza Signoria steht auf der Fläche des alten Oratoriums »San Michele in orto« dieser von 1337 bis 1357 während der Pestepidemie errichtete, 40 m hohe Bau. Von großer Bedeutung sind die im 15. und 16. Jh. nach und nach in den 14 Nischen der Außenwände aufgestellten Schutzheiligen der Zünfte, für die man nur die bedeutendsten Künstler der Zeit beauftragt hatte.

Via dei Calzaiuoli • Di–So 10–17 Uhr • Eintritt frei

## Palazzo Medici-Riccardi

▸ Klappe hinten, d 1

Dieser Palast wurde von Cosimos Hausarchitekt Michelozzo im Jahr 1444 begonnen. Mit seinem stockwerkartig abgestuften Mauerwerk und dem hervortretenden Hauptgesims ist er der erste Palast der Frührenaissance in Florenz. Während Cosimos Enkel, Lorenzo de' Medici, hier noch Hof hielt, zog es Großherzog Cosimo I. 1540 vor, seinen Hauptsitz in den herrschaftlichen Palazzo Vecchio zu verlegen. Berühmt ist Benozzo Gozzolis Fresko »Zug der Heiligen Drei Könige« (1459–1460) in der Kapelle der Medici (**Cappella dei Magi**). Im Palast befindet sich außerdem die **Biblioteca Riccardiana** (Via Ginori, 10; Mo–Sa 8–14, Do bis 17 Uhr) mit vielen alten Handschriften.
Via Cavour, 1/3 • Do–Di 9–19 Uhr • Eintritt 7 €

## Palazzo Rucellai

▸ Klappe hinten, b 3

Leon Battista Alberti hat diesen schönen Palazzo (1446–1451) für die Familie der Rucellai entworfen. In Albertis Architekturtraktat ist nachzulesen, dass ein Herrscherpalast keineswegs durch sein bedrohliches Äußeres, sondern durch die Harmonie der Proportionen dominieren müsse. Diese Maxime erfüllt der Palazzo sehr wirkungsvoll. Ihm gegenüber steht die ursprünglich offene **Loggia Rucellai** (1468), in der u. a. Familienfeste gefeiert wurden.
Via della Vigna Nuova, 18

## Palazzo Vecchio (Palazzo della Signoria)

▸ Klappe hinten, d 4

Das Symbol politischer und wirtschaftlicher Macht wurde zum »alten« Palast, nachdem Cosimo I. ihn 1559 verlassen hatte, um sich im Pa-

Der weltberühmte Dom Santa Maria del Fiore (▸ S. 38) gilt als ein Wunderwerk mittelalterlicher Baukunst. Die vorgelagerte Piazza ist seit Herbst 2009 Fußgängerzone.

Eine Kopie des David von Michelangelo ziert die Piazza della Signoria vor dem Palazzo Vecchio (▶ S. 39). Das Original ist in der Galleria dell'Accademia (▶ S. 42) zu sehen.

lazzo Pitti einzurichten. Die Fundamente des streng gotischen Amtssitzes der Florentiner Stadtverwaltung wurden 1299 gelegt. Nach dem Entwurf von Arnolfo di Cambio hatte man den Palast mit seinem 94 m hohen Turm bereits 1314 fertiggestellt. **Piazza della Signoria • tgl. 9–19, Do, feiertags 9–14 Uhr • Eintritt 6 €, mit Brancacci-Kapelle 8 €**

### Piazza della Repubblica

▶ Klappe hinten, c 3

Vor gut 2000 Jahren war die heutige Piazza della Repubblica das Zentrum der römischen »colonia fiorentina«. Eine Säule mit der Statue des Überflusses erinnert daran, dass hier bis Ende des 19. Jh. der große Marktplatz lag. 1887 wurde er aus Repräsentationsgründen zerstört, und die alten Adelshäuser und Sakralbauten mussten einem Pseudo-Renaissancestil weichen. Heute wird die Piazza

von einer Reihe bekannter Cafés gesäumt, darunter das Gilli, das Paszowski oder Le Giubbe Rosse, in denen man vergnüglich Eis oder kleine Gerichte genießt und an lauen Sommerabenden der Livemusik von Straßenkünstlern lauscht.

### Ponte Vecchio

▶ Klappe hinten, c 4

Die Brücken von Florenz verbinden das Stadtzentrum mit Oltrarno und seinen Vierteln Santo Spirito und San Frediano. Besonders prächtig ist der 1345 errichtete Ponte Vecchio mit seinen Verkaufsläden.

### Santa Croce
▶ Klappe hinten, e 4

Die Ordenskirche der Franziskaner (1294–1385) ist aufgrund ihrer architektonischen Eleganz und ihres Reichtums an Kunstschätzen ein Erlebnis. Meisterwerke sind Giottos Fresken in der **Cappella Peruzzi** und

**Cappella Bardi** sowie Grabmale bedeutender Söhne der Stadt wie Michelangelo, Machiavelli und Rossini. Neben der Kirche befindet sich der Eingang zum **Museo dell'Opera di Santa Croce** (seit 1866 im Refektorium des Klosters). Sehenswert das Holzkreuz Cimabues aus dem Jahr 1271 und die **Pazzi-Kapelle** (1429), ein Meisterwerk Brunelleschis.
Piazza Santa Croce, 16 • Kirche und Museum tgl. 9.30–17.30, So, feiertags 13–17.30 Uhr • Eintritt mit Museum 5 €

### San Lorenzo    ▶ Klappe hinten, c 1

Die Basilika entstand zwischen 1420 und 1460 nach dem Entwurf von Filippo Brunelleschi. Im Innern bemerkenswert: Rosso Fiorentinos Gemälde »Vermählung der hl. Jungfrau« (1523) und Donatellos Bronzekanzeln (um 1465). Zur Sakristei von Brunelleschi gelangt man durch eine Tür hinten rechts im Querschiff. Die Neue Sakristei ist heute Teil der **Cappelle Medicee**, in der sich u. a. Michelangelos berühmte Grabmäler für Giuliano und Lorenzo II. di Medici befinden. Zur von Cosimo il Vecchio gegründeten **Biblioteca Laurenziana** führt eine Tür links von der Kirchenfassade. Vorraum und Treppe zur Bibliothek sind ebenfalls Werke Michelangelos.
– Kirche: Piazza San Lorenzo • tgl. außer So und feiertags 10–17, nur März–Okt. So 13.30–17.30 Uhr, 1. und letzter So im Monat geschl. • Eintritt 3,50 €
– Cappelle Medicee: Piazza Madonna degli Aldobrandini • Di–So 8.15–13.50 Uhr, 2. und 4. So sowie 1., 3., 5. Mo im Monat geschl. • Eintritt 6 €
– Biblioteca Laurenziana: Mo–Sa 9.30–13.30 Uhr • Eintritt frei

### San Martino    ▶ Klappe hinten, d 3

In Florenz konnte man nicht nur sehr reich werden, sondern auch unversehens sehr arm. Der Rückgang der Anzahl von Banken zwischen 1338 und 1460 von 80 auf 33 zeigt, dass so manche wohlhabende Familie zu Almosenempfängern wurde. Im Zentrum an der Via Dante Alighieri liegt die kleine Kirche San Martino. Die Lünetten des Innenraums sind mit Fresken ausgemalt, die einen lebendigen Einblick in das alltägliche Florentiner Leben zu Zeiten der Medici geben. Auf ihnen sind in blauem und rotem Tuch gekleidete Männer dargestellt, die Buonomini, die anderen helfen. Sie verteilen Brot, Wasser und Wein, machen Krankenbesuche, bezahlen die Unterkunft für ein Pilgerpaar und geben juristischen Beistand bei einer Vermählung. Es waren »poveri vergognosi«, Familien, die sich ihrer durch finanzielles Missgeschick eingetretenen Armut schämten.
Via Dante Alighieri

### Santa Maria del Carmine
▶ Klappe hinten, a 4

In dieser 1268 von den Karmelitern gegründeten Kirche (1782 wurde sie nach einem Brand wieder aufgebaut) ist der 1990 restaurierte Freskenzyklus mit Szenen aus dem Leben Petri in der **Brancacci-Kapelle** der kostbarste Schatz: ein wahres Meisterwerk der florentinischen Frührenaissance, an dem Masaccio und Masolino 1423 bis 1428 und 60 Jahre später auch noch Filippino Lippi gearbeitet haben. Die Szene vom »Zinsgroschen« ist das großartigste Werk Masaccios.
Piazza del Carmine, 14 • Cappella Brancacci: Mi–Mo 10–17, So, feiertags 13–17 Uhr (nur mit Vorbestellung) • Eintritt 4 €

## Santa Maria Novella

▸ Klappe hinten, b 1/2

Die Ordenskirche der Dominikaner wurde zwischen 1240 und 1360 erbaut. Die von Leon Battista Alberti von 1456 bis 1470 entworfene Fassade trägt im Fries den Namen des Auftraggebers Giovanni di Paolo Rucellai. Im Innern führt das Fresko der Trinità von Masaccio (1427–1428) den Reigen der Meisterwerke an. Berühmt sind auch Brunelleschis Kruzifix (1410 oder 1425) in der **Cappella Gondi,** dann die Fresken Filippo Lippis in der **Cappella di F. Strozzi** sowie in der **Apsis** Domenico Ghirlandaios Fresken mit Szenen aus dem Leben Marias (1485–1490).

Der weitläufige Klosterkomplex – der Eingang befindet sich links von der Fassade – bietet darüber hinaus im **Chiostro Verde** Paolo Uccellos Fresko »Sintflut« (1446) und Andrea da Firenzes Wandmalereien der **Spanischen Kapelle** (1355).

Piazza di Santa Maria Novella
– Kirche: Mo–Do, Sa 9–17, Fr 11–17, So, feiertags 13–17 Uhr • Eintritt 2,50 €
– Museo e Chiostri: Mo–Do, Sa 9–17, So, feiertags 9–14 Uhr • Eintritt 2,70 €

### MUSEEN

Informationen und Vorbestellung für alle staatlichen Museen: Uffizi, San Marco, Bargello, Accademia, Cappelle Medicee, Palazzo Pitti, Galleria d'Arte Moderna, Palatina mit Appartamenti Reali und Museo degli Argenti sowie Villa Poggio a Caiano.
Firenze Musei • Tel. 0 55 29 48 83 • www.firenzemusei.it

## Bargello

▸ Klappe hinten, d 3

Seit 1859 beherbergt dieser mittelalterliche Palast, dessen Bau als Sitz des Bürgermeisters (»podestà«) und späteren Gerichts (»bargello«) bis 1255 zurückreicht, das Nationalmuseum. Hier stehen Skulpturen Florentiner Bildhauer des 16. Jh. Drei Meisterwerke Michelangelos sind zu bewundern: der »Trunkene Bacchus« (1497), das »Pitti-Tondo« (1504) sowie die »Büste des Brutus« (1530). Beachtenswert sind auch die Werke Cellinis und Giambolognas.

Im großen Saal des **Consiglio Generale** befinden sich u. a. die Marmorstatue des hl. Georg (1416) und des David (1408–1409) von Donatello.

Via del Proconsolo, 4 • Di–So 8.15–14 Uhr, 1., 3. und 5. So sowie 2. und 4. Mo im Monat geschl. • Eintritt 4 €

## Galleria dell'Accademia

▸ Klappe hinten, e 1

Hier steht seit 1882 das Original der berühmtesten Statue von Florenz: Michelangelos **David**, der sich seit dem Jahr 1504 vor dem Palazzo Vecchio befunden hatte. Zu sehen sind auch vier unvollendete Sklaven-Statuen sowie der »Hl. Matthäus« und die »Pietà di Palestrina« von Michelangelo. Neben Gemälden von Botticelli, Uccello und Perugino ist die bemalte Vorderseite des »Cassone Adimari«, einer Hochzeitstruhe (ca. 1420), beachtenswert.

Via Ricasoli, 60 • Di–So 8.15–18.50 Uhr • Eintritt 6,50 €

## Galleria degli Uffizi (Uffizien)

▸ Klappe hinten, d 4

Der 1560 von Vasari als Verwaltungszentrum für den Großherzog der Toskana, Francesco de' Medici, erbaute U-förmige Palast beherbergt im Obergeschoss die weltberühmte Pinakothek mit Werken der europäischen Malerei des 13. bis 18. Jh.

Ausschnitt aus dem Gemälde »La nascita di Venere« (Die Geburt der Venus, 1486) von
Sandro Botticelli, zu bewundern in der bekannten Galleria degli Uffizi (▶ S. 42).

Der Rundgang beginnt bei den frühen Altartafeln der großen Toskaner Künstler Cimabue, Giotto, Duccio, Simone Martini, Ambrogio und Piero Lorenzetti. Es folgt die Malerei der Gotik mit Gentile da Fabriano und Lorenzo Monaco. Im Saal 7 schließlich sind die Meister der Frührenaissance versammelt: Uccello, Masaccio, Fra Angelico und Piero della Francesca; zu ihnen gesellen sich Madonnenbilder von Filippo Lippi. Werke von Sandro Botticelli dominieren Saal 10 (u. a. »Der Frühling« und die »Geburt der Venus«). Im Saal 15 folgen auf die »Taufe Christi«, eine Gemeinschaftsarbeit der Schüler Botticelli und Leonardo aus der Werkstatt ihres Meisters Andrea del Verrochio, Meisterwerke wie Leonardos »Verkündigung« (1475) und Mantegnas »Madonna della Cava« (1489).

In den anschließenden Sälen wird ein Wechselspiel zwischen italienischen Manieristen wie Bronzino und Pontormo und deutschen Vertretern der Renaissance wie Holbein und Dürer geboten. Dann gelangt man über Michelangelos »Tondo Doni« mit der Heiligen Familie und Räumen mit Werken Raffaels zu Tizians »Venus von Urbino« (1538). Den Abschluss bilden Werke von Veronese, Rubens, Rembrandt und Caravaggio. Die Terrasse des Cafés der Uffizien über der Loggia dei Lanzi lädt zu einer Entspannungspause ein.

Achtung: Die Tribüne der Uffizien wird restauriert und bleibt bis Juni 2011 geschlossen. Auch am Corridoio Vasariano sind Renovierungs-arbeiten vorgesehen, die voraus-sichtlich bis 2011 dauern können. Piazzale degli Uffizi, 6 • www.uffizi.com • Di–So 8.15–18.50 Uhr • Eintritt 6,50 €

### Museo di Casa Martelli

▶ Klappe hinten, c 2

Dieser herrliche, große Patrizierpalast ging 1998 an den Staat, wurde vorbildlich restauriert und konnte kürzlich der Öffentlichkeit seine Tore öffnen. Der Florentier Familie Martelli ist dieses besonders feine Schmuckstück im Herzen der Stadt zu verdanken, denn sie haben bereits im 15. Jh. mit dem Sammeln begonnen. Heute stellt es eine sehr schöne Kollektion mit authentischem Interieur dar, das nur in kleinen Gruppen mit Führung und Voranmeldung zu besichtigen ist. Via Zannetti, 8 • Tel. 0 55 29 48 83 • Führung: Do 14, 15.30, 17, Sa 9, 10.30, 12 Uhr • Eintritt 3 €

Das Museo di San Marco (▶ S. 45) im Dominikanerkloster mit schönem Kreuzgang zieren zahlreiche Fresken des frommen Mönchs und begnadeten Künstlers Fra Angelico.

## Museo di Palazzo Davanzati 👥

▶ Klappe hinten, c 3

Florenz ist vor allem eine Stadt des Trecento, des 14. Jh. Während dieser Zeit der Volksregierung prägten mächtige Zünfte das Gesicht der Stadt. Die Davizzi, reiche Wolltuchhändler, hatten sich den Palast etwa um das Jahr 1330 an die Via Porta Rossa gesetzt. 1578 kaufte ihn Bernardo Davanzati. Die aufwändigen Restaurierungsarbeiten sind inzwischen beendet, und das Erdgeschoss sowie das erste Stockwerk können nun besichtigt werden. Das zweite und dritte Stockwerk sind nur mit Führung (tgl. 10, 11, 12 Uhr) nach Anmeldung zugänglich.
Via Porta Rossa, 13 • Tel. 05 52 38 86 10 • Di–So 8.15–13.50 Uhr, 1., 3. und 5. Mo sowie 2. und 4. So im Monat geschl. • Eintritt 2 €

## Museo di San Marco

▶ Klappe hinten, nördl. d 1

Das Museum befindet sich im 1437 bis 1452 von Michelozzo ausgebauten Dominikanerkloster. Es gewährt dem Besucher einen Einblick in die Kunst des Fra Angelico. Als Mönch und späterer Prior des Klosters führte er zwischen 1438 und 1446 die Fresken des Kapitelsaals, des Kreuzgangs und der Zellen der Ordensbrüder aus. Herausragend ist die »Madonna dei Linaioli« (1436 für die Weberzunft gemalt) sowie die »Kreuzabnahme« (1435) und die »Geschichten aus dem Leben Christi« (1450).
Im ersten Stock hat Fra Angelico die einfachen Mönchszellen mit Szenen der Heilsgeschichte geschmückt. Beeindruckend sind hier vor allem die »Verkündigung Mariä« (1443–1446) sowie eines seiner wichtigsten Werke, die »Verklärung Christi« (Zelle 6). Zuletzt wartet Domenico Ghirlandaios Fresko »Letztes Abendmahl« (1480) im Refektorium auf den Besucher.
Piazza San Marco, 1 • Mo–Fr 8.15–13.50, Sa, So, feiertags 8.15–16.50 Uhr, 1., 3. und 5. So, 2. und 4. Mo im Monat geschl. • Eintritt 4 €

### SPAZIERGANG

Stadtplan ▶ Klappe hinten

Das ehrgeizige Projekt, den weltberühmten **Domplatz** in eine Fußgängerzone zu verwandeln, ist Teil eines ökologischen Gesamtkonzepts der Stadt Florenz. Es funktioniert bereits und hilft, die Stadt wieder lebensund liebenswerter zu machen. Kein Bus, kein Automobil, kein Motorrad, nichts, was Spaziergänger beim Betrachten des Doms oder des Baptisteriums stören könnte: Aus einer eleganten Verkehrsinsel ist ein eleganter Platz geworden. Herzlichen Glückwunsch, Signor Sindaco!
Von diesem belebten Platz, dem geistlichen Zentrum der Stadt, geht unser Weg ein Stück durch die Via dei Calzaiuoli. Die erste Gasse führt links in die Via delle Oche und weiter unten dann auf den Corso. Wir überqueren ihn und kommen über die Via Santa Margherita zur Via Dante Alighieri mit der Casa Dante und der imposanten **Torre della Castagna.** Ihr gegenüber steht die kleine Kirche **San Martino** mit herrlichen Fresken zum Florentiner Alltagsleben des 15. Jh. An der Piazza dei Cimatori beginnt linker Hand die Via dei Cerchi, die rechts über die Via dei Cimatori auf die Via die Calzaiuoli stößt. An der Ecke können Sie im Stehen an einem offenen Verkaufstand Wein und Crostini probieren. Gestärkt überqueren Sie die Via dei Calzaiuoli und laufen die Via dei Lamberti entlang – an dem mächtig aufragenden Bau

Orsanmichele vorbei – zur Via Pelliceria. Zur Piazza della Repubblica biegt man rechts ab, um unter den Arkaden an der Hauptpost vorbei weiter links in die Via degli Strozzi zum gleichnamigen **Renaissancepalast** (1489) der berühmten Familie Strozzi zu gelangen.

An der Ecke zur eleganten Einkaufsstraße Via de' Tornabuoni, in die man links hinuntergehen kann, liegt auf der gegenüberliegenden Seite in der Via della Spada das mittlerweile verkleinerte, aber immer noch gute

Hotel Torre di Bellosguardo (▶ S. 46): traumhaftes Wohnen und toller Blick.

**Caffè Giacosa**. Von der Colonna della Giustizia und dem wuchtigen **Palazzo Spini-Feroni** richtet sich der Blick in die Via Porta Rossa.

Läuft man ein Stück weit in diese Straße hinein, steht dort, wo sie sich zu einem Platz öffnet, rechter Hand der schöne **Palazzo Davanzati** aus

dem Trecento (14. Jh.). Vorbei an der **Loggia del Mercato Nuovo**, wegen seines großen Angebots an Korbwaren auch Mercato della Paglia genannt, erreicht man wieder die Via dei Calzaiuoli, die rechts in die **Piazza della Signoria**, das weltliche Zentrum, mündet.
Dauer: 2 Std.

### ÜBERNACHTEN

**Torre di Bellosguardo**
▶ Klappe hinten, westl. a 6

**Einzigartige Atmosphäre** • In einmaliger Lage auf einem der schönsten Hügel von Florenz steht die Renaissancevilla mit mittelalterlichem Turm, in der alle Zimmer verschieden eingerichtet sind. Vom Schwimmbad, an dem kleine Gerichte serviert werden, genießt man einen wunderbaren Blick auf Florenz.
Via Roti Michelozzi, 2 • Tel. 0 55 2 29 81 45 • www.torrebellosguardo.com • 16 Zimmer • €€€€

**Loggiato dei Serviti**
▶ Klappe hinten, e 1

**Hotel mit Vergangenheit** • Sehr geschmackvolles Ambiente in einem Renaissancebau am Ospedale degli Innocenti; inklusive Frühstücksbüfett.
Piazza Santissima Annunziata, 3 • Tel. 0 55 28 95 92 • www.loggiatodei servitihotel.it • 38 Zimmer • ♿ • €€€

**Annalena**   ▶ Klappe hinten, a 6

**Feines Palasthotel** • Schönes Hotel, untergebracht in einem Palast aus dem 15. Jh. Fragen Sie die neuen Besitzer am besten nach einem der Zimmer mit Blick auf den Garten. Frühstücksbüfett inklusive.
Via Romana, 34 • Tel. 0 55 22 24 02 • www.annalenahotel.it • 20 Zimmer • €€

## Classic ▸ Klappe hinten, südl. a 6

**Hotel mit Garten** • Klein, fein, ideal gelegen. Bequem für Autofahrer, nicht sehr leise. Frühstücksbüfett inklusive. Viale Machiavelli, 25 • Tel. 0 55 22 93 51 • www.classichotel.it • 20 Zimmer • €€

## The Golden Tower
▸ Klappe hinten, c 3

**Exklusives Turmhotel** • Stilvoll, hochwertig, modern und zentral wohnt man im luxuriösen Boutique-Hotel beim Palazzo Strozzi. Völlige Entspannung erfährt man im Spa- und Wellnesszentrum, der geeignete Fitmacher für den nächsten Kunst-, Kultur- oder Shopping-Tag. Wem danach nicht ist, der verweilt zum Entspannen in der mit Fresken geschmückten Halle aus dem 15. Jh. oder gibt der Bibliothek den Vorrang, um etwas über das Leben der Strozzi-Familie zu erfahren. Piazza degli Strozzi, 11 r • Tel. 0 55 28 78 60 • www.goldentowerhotel.it • 30 Zimmer • €€

## B & B Casa Schlatter
▸ Klappe hinten, nordöstl. f 1

**Wohnen wie im Museum** • Alessandra, die Urenkelin des Schweizer Künstlers Adolfo Schlatter, führt das B & B in sehr eleganter Manier, was bei ihren Vorfahren gewiss Gefallen gefunden hätte. Um mehr über die Familiengeschichte zu erfahren, muss man das wunderbare museale Ambiente erleben – ein kleines Schmuckstück im Verborgenen. Die drei Zimmer sind mit Antiquitäten versehen. »Emma« ist sehr geräumig und feminin, »Adolfo«, das größte, hat nicht grundlos auch den Namen »camera dei cigni« (Schwanenzimmer) und war zu früherer Zeit so etwas wie ein Sammel-, Farb- und Utensilienzimmer des Künstler, »Del giardiniere« dagegen ist eher klein und intim. Viale dei Mille, 14 • Tel. 0 55 57 05 88 • www.casaschlatter-florence.it • €

## Villa Liana ▸ Klappe hinten, nördl. f 1

**Gepflegtes Stadthotel** • Im ehemaligen englischen Konsulat liegen die ruhigeren Zimmer zum hübschen englischen Garten hinaus. Dort gibt es auch ein sehr wohnlich eingerichtetes Apartment. Die Ausstattung der Villa glänzt mit Wandfresken, Marmorböden, Stuck und antiken Möbeln. Gutes Frühstück inklusive. Via Alfieri, 18 • Tel. 0 55 24 53 03/4 • www.hotelvillaliana.it • 24 Zimmer • ♿ • €

## ESSEN UND TRINKEN

## RESTAURANTS UND TRATTORIEN

### Il Cibreo ▸ Klappe hinten, östl. f 3

**Institution mit Vergangenheit** • Mittlerweile steht der Name Fabio Picchi für vier Lokale. Überall isst man hervorragend, die Preise jedoch sind unterschiedlich. Sehr elegant und teuer im Restaurant, an Holztischen und preislich akzeptabel in der Trattoria, im Caffè gemütlicher und neuerdings im Teatro del Sale für Vergnügliches nach dem Mahl. Hier wird auch Frühstück und Mittagstisch serviert. Via Andrea del Verrocchio, 8 r • Tel. 05 52 34 11 00 • www.cibreo.com • So, Mo geschl. • €€

### Antico Ristoro di Cambi
▸ Klappe hinten, westl. a 3

Bei Fabio und Stefano Cambi gibt es schlichte toskanische Gerichte, wie »lampredotto«, Rindermagen mit Kohl, und einfache Chianti-Weine. Via Sant'Onofrio, 1 r • Tel. 0 55 21 71 34 • So geschl. • €

Die wunderbar einfache und schmackhafte Küche von Nerbone (▶ MERIAN-Tipp, S. 49) genießt man im Mercato Centrale, der schönsten und größten Markthalle der Toskana.

### Da Burde

▶ Klappe hinten, nordwestl. a 1

**Tradionell gute Trattoria** • Eine der ältesten Florentiner Trattorien; die lange Erfahrung der Familie Gori beweist eine aufrechte und absolut gute Küche mit allen traditionellen Speisen, beispielsweise der immer rarer werdenden »francesina« (gekochtes Rindfleisch in Tomatenragout). Gute Suppen und frisch gemachte Desserts. Via Pistoiese, 6 r • Tel. 0 55 31 72 06 • www.daburde.it • So geschl. • €

### Cantina Barbagianni

▶ Klappe hinten, e 2

**Kreative Speisen** • Eine Küche, die auch die traditionellen toskanischen Spezialitäten nicht vernachlässigt. Lobenswert: Auch Vegetarier können hier unter einigen Gerichten auswählen. Die Pasta ist hausgemacht; auf Anfrage kocht man für Gäste ohne Gluten. Die Auswahl an Weinen lässt nichts zu wünschen übrig. Ideal vor und nach dem Theaterbesuch, dann nur mit Reservierung.

Via S. Egidio, 13 r • Tel. 05 52 48 05 08 • www.cantinabarbagianni.it • Sa, So mittags geschl. • €

### La Casalinga ▸ Klappe hinten, b 5

**Echt toskanisch** • Die Küche bietet das ganze Repertoire toskanischer Gerichte. Es ist schön, dass es noch diese einfachen und traditionellen Orte gibt, an denen sich Einheimische mit Touristen beim Essen austauschen können. In San Frediano nahe der Kirche Santo Spirito gelegen. Via de' Michelozzi, 9 r • Tel. 0 55 21 86 24 • www.trattorialacasalinga.it • So geschl. • €

### Il Contadino ▸ Klappe hinten, a 2

**Absolut gut und günstig** • In dieser Familien-Trattoria sind die Gerichte ebenso hervorragend wie der Service. Mittagstisch mit ausgezeichneten Florentiner Mahlzeiten für 10 €. Via Palazzuolo, 71 r • Tel. 05 52 38 26 73 • So geschl. • €

### Osteria da Mèlo 🍴 ▸ S. 146, B 13

**Köstlicher sizilianischer Einfluss** • Küchenchef Carmelo und seine Frau Francesca haben über Jahre Freunde bekocht und nun ihr Hobby zur Profession gemacht. Wenige lokale Speisen, dominant und sehr gut jene aus seiner Heimat Sizilien: Vom Antipasto »caponata« bis zum Dessert »cannoli alla siciliana« ist alles »alto livello«. Bagno a Ripoli, Loc. Rosano, Via di Rosano, 198 (8 km von Firenze-sud) • Tel. 05 56 51 90 00 • www.osteriada melo.com • So abends, Mo geschl. • € 8 km östl. von Florenz

### Il Santo Bevitore ▸ Klappe hinten, a 4

**Angenehmes Ambiente** • Schönes Lokal im Stadtteil San Frediano. Die traditionelle Küche ist exzellent, das

**MERIAN-Tipp**  5

**TOSKANISCHER IMBISS**

Bei »Nerbone«, der kleinen Trattoria im Mercato Centrale von San Lorenzo, ist es eng, laut, aber sehr gemütlich. Preiswert und richtig schmackhaft sind die einfachen Gerichte der Region. Auch bei »Da Rocco« isst man in einer Markthalle – der von Sant'Ambrogio (Piazza Ghiberti). Probieren Sie die köstliche »pappa al pomodoro«! – Nerbone: Mercato Centrale • Piazza del Mercato Centrale • Tel. 0 55 21 99 49 • Mo–Sa 7–14 Uhr ▸ Klappe hinten, c 1 – Da Rocco: Mercato Sant'Ambrogio • Piazza Ghiberti • Mo–Sa 7– 14 Uhr ▸ Klappe hinten, östl. f 3

Preis-Leistungs-Verhältnis optimal. Am Abend finden sich kreativere Gerichte auf der Speisekarte. Man trifft hier oft auf junges Publikum. Via Santo Spirito, 66 r • Tel. 0 55 21 12 64 • www.ilsantobevitore.com • So mittags geschl. • €

### Trattoria l'Raddi

▸ Klappe hinten, a 4

**Perfekt florentinisch** • Ein gutes Lokal für Florentiner Spezialitäten befindet sich in der Nähe der Piazza Santo Spirito. Das »peposo alla fornacina« und die »tagliolini ardiglione« sollten Sie unbedingt probieren. Via D'Ardiglione, 47 r • Tel. 0 55 21 10 72 • www.iraddi.it • So geschl. • €

### Zibibbo ▸ Klappe hinten, nördl. b 1

**Einfach genial** • 1999 hat sich Benedetta Vitali vom Cibreo abgesetzt und köchelt nun zusammen mit Ornella

Barsottelli am eigenen Herd. Und das machen sie am nördlichen Stadtrand von Florenz absolut vorzüglich. Probieren Sie die Pasta »maltagliati« mit frischen Tomaten, Karden und Bufala- oder Taleggio-Käse, die »gran trippa« oder den Kapaun mit Mandeln. Unglaublich gut sind auch die Torten und Desserts, und es gibt eine Auswahl von mindestens 350 Weinen. Via di Terzollina, 3 r • Tel. 0 55 43 33 83 • www.trattoriazibibbo.it • Sa mittags, So geschl. • €

### BioBistrot
▶ grüner reisen, S. 22

**CAFFÈS, GELATERIE UND PASTICCERIE**

### Badiani ▶ Klappe hinten, nordöstl. f 1
Nicht direkt im Zentrum gelegen, doch für viele Eingeweihte die beste Eisdiele in ganz Florenz.
Via dei Mille, 20 r • Di geschl.

**MERIAN-Tipp 6**

**SCHOKOLADE IM RIVOIRE, EIS BEI VIVOLI**

Im traditionsreichen **Caffè Rivoire** im Schatten des Palazzo Vecchio gibt es die beste heiße Schokolade der Stadt. Weniger heiß, aber dafür unübertroffen in der Kunst des Speiseeises ist das **Vivoli**, die wohl beste Gelateria der Stadt. Das Angebot an kalten Köstlichkeiten ist sommers wie winters wirklich überwältigend.
– Rivoire: Piazza della Signoria, 5 r • Mo geschl.
▶ Klappe hinten, d 3/4
– Vivoli: Via Isola delle Stinche, 7 • Mo geschl. ▶ Klappe hinten, e 3

### Cioccolateria Vestri
▶ Klappe hinten, e 3
Seit 1960 Cioccolato d'Autore, macht heute der Sohn vortrefflichen Konfekt – süchtig machend ist das mit Peperoncino verfeinerte Konfekt, und das Gelato mit der gleichen Mischung verschlägt einem nicht nur deshalb den Atem. Die Pralinen haben den bekannt guten hohen Schokoladenanteil, verarbeitet werden biologische Zitrusfrüchte. Einfach köstlich!
Borgo degli Albizi, 11 r • Tel. 05 52 34 03 74 • www.vestri.it • So geschl.

### Dolci e Dolcezze
▶ Klappe hinten, östl. f 3
In einer der besten Pasticcerien von Florenz zahlt man gern ein bisschen mehr für die kleinen, auch die Augen betörenden süßen Verführungen.
Piazza Beccaria, 8 r • Tel. 05 52 34 54 58 • Sept–Mai Di–So 8.30–19.30, Juni–Aug. Mo–Sa 8.30–19.30 Uhr

### Caffè Gilli ▶ Klappe hinten, c 3
Das Gilli ist ein traditionsreiches Café mit sehr gutem Gebäck aus eigener Herstellung und einer gepflegten Atmosphäre – der richtige Ort für den kleinen und großen Imbiss zwischendurch. Auch auf der Terrasse an der weitläufigen Piazza sitzt man gut.
Piazza della Repubblica, 36–39 r • Tel. 0 55 21 38 96 • Mi–Mo 8–1 Uhr

### Caffè Pasticceria Robiglio
▶ Klappe hinten, e 1
Eines der vier hervorragenden Robiglio-Caffès in Florenz gibt es zwei Schritte von der Piazza SS. Annunziata entfernt. Ausgezeichnete Produkte laden zum Wiederkommen ein.
Via dei Servi, 112–114 r • Tel. 0 55 21 27 84 • www.robiglio.it

Sehen und gesehen werden und eine leckere heiße Schokolade schlürfen: das Caffè Rivoire (▶ MERIAN-Tipp, S. 50) auf der großen Bühne der Piazza della Signoria.

## Marcello La Pasticceria
▶ Klappe hinten, südöstl. f 6

Gaumenfreuden und Eleganz – hier trifft beides zusammen. Hervorragend das reichhaltig und besonders feine Sortiment an traditionellen Mandelplätzchen bis zu feinen Sahnetörtchen und großen Torten, dem wunderbaren Caffè, Cappuccino, exzellenten »marocchino« oder der heißen Schokolade. Etwas außerhalb gelegen – auf dem Weg ins Chianti anhalten und probieren!
Viale Europa, 169 • Tel. 05 56 53 15 10 • www.pasticceriamarcello.com

## Pasticceria Nencioni
▶ Klappe hinten, f 3

Besonders schmackhaft sind bei Nencioni die süßen »Teilchen«, aber auch Cappuccino und Brioche findet man selten so gut und günstig.
Via Pietrapiana, 24 r • Di geschl.

## Pasticceria Stefania
▶ Klappe hinten, nordöstl. f 1

Elegantes Ambiente mit ausgezeichneten süßen Verführungen.
Via Guglielmo Marconi, 26 r • Tel. 0 55 58 30 40 • So nachmittags, Mo geschl.

## La Pizzicheria »Mariano«
▶ Klappe hinten, b 3

Im Stehen oder im Nebenraum auf Fässern sitzend, kann man hier seinen Stadtbummel unterbrechen und sich bei einem Glas Wein mit frischen Brötchen (»panini«) stärken.
Via del Parione, 19 r • Sa abends und So geschl.

## EINKAUFEN
### BÜCHER
**Art & Libri** ▶ Klappe hinten, b 3

Reiche Auswahl an Kunst- und Architekturbüchern; Antiquariat.
Via dei Fossi, 32 r • Tel. 0 55 26 41 86

Stefano Bemer mit seinem feinen Schuhwerk (▸ S. 53) aus der eigenen Manufaktur:
Hier zeigt sich florentinische Handwerkskunst auf höchstem Niveau.

### Fratelli Alinari
▸ Klappe hinten, nördl. c 1

Fotografie von 1852 bis heute.
Bookshop im Largo Fratelli Alinari, 15 •
Fondazione Alinari: Tel. 05 52 39 51 •
www.alinari.it

### Libreria delle Donne
▸ Klappe hinten, f 2

Einzige Frauenbuchhandlung.
Via Fiesolana, 2 b

### Libreria Salimbeni
▸ Klappe hinten, e 3

Alle Toskana-Publikationen. Es macht
hier richtig Spaß, herumzustöbern.
Via M. Palmieri, 14/16 r

### GESCHENKE

Die Kaufhäuser **Coin** (Via Calzaiuoli, 56 r ▸ Klappe hinten, d 2/3) und
**Rinascente** (Piazza della Repubblica,
1 ▸ Klappe hinten, c 3) stehen in ein-
samer Konkurrenz miteinander.

### *Ducci*
▸ Klappe hinten, b 3/ 4

Kunstvolle Taschen, Hüte, Schuhe
und vieles mehr aus Lindenholz.
»Stein«-Obst in allen Variationen.
Lungarno Corsini, 24 r

**Richard–Ginori** ▸ Klappe hinten, c 2
Klassisches italienisches Porzellan.
Via Rondinelli, 15–19

In Sesto Fiorentino (▸ S. 142, A 8)
befinden sich das **Museo delle Porcellane di Doccia** (Porzellanmuseum)
in der Via Pratese, 31; Tel. 05 54 20
77 67; Mi–Sa, Fei 10–13, 14–18 Uhr;
Eintritt 6 €, Ermäßigung 4 € und die
**Manufaktur** in der Viale G. Cesare,
50; Tel. 0 55 42 04 91 für Besichti-
gungstermin. Auslaufende Serien und
Porzellan zweiter Wahl findet man in
**La Botteguccia** (Viale G. Cesare, 19;
Tel. 05 54 21 04 72; Mi–Sa 10–13, 14–
18 Uhr, Juni, Juli Sa geschl., Mo geöffnet).

**KUNSTHANDWERK**
**Brandimarte**
▸ Klappe hinten, westl. a 3
Große Silberschmiede. Besichtigung
und Kauf möglich.
Via L. Bartolini, 18 r/Ecke Piazza di
Verzaia (Nähe Porta San Frediano)

**Giulio Giannini & Figlio
(seit 1856)** ▸ Klappe hinten, b 5
Giannini restauriert mit Leiden-
schaft alte Bücher und verpasst ihnen ein neues Leder- oder Leinen-
gewand. Der Verkaufsschlager sind
Geschenke im marmorierten Kleid.
Piazza Pitti, 37 r

**Moleria Locchi**
▸ Klappe hinten, westl. a 4
Erlesene Glasartikel werden in diesem wirklich einmaligen Laborator-
ium der Locchis (seit Ende des 19. Jh.)
produziert. Sie können hier auch antike, verloren gegangene Einzelstücke
nacharbeiten lassen.
Via Domenico Burchiello, 10, nahe
Piazza T. Tasso • Sa, So geschl.

**LEDERWAREN**
**Joliette**
Wer einem Schuhtick erlegen ist, kann
ihn hier ausgiebig ausleben.
– Via Giampaolo Orsini, 67 a
▸ Klappe hinten, östl. f 6
– Via Fra' Jacopo Passavanti, 23 r
▸ Klappe hinten, nordöstl. f 1

**Peruzzi** ▸ Klappe hinten, d/e 4
Riesenauswahl an Taschen, Schuhen,
Bekleidung, Accessoires.
Borgo dei Greci, 8–14 r, Via dell'
Anguillara, 5–23 r und Via Maglia-
bechi, 23 r

**Raspini** ▸ Klappe hinten
Synonym für Florentiner Lederwa-
ren. Für Markenfans ein echtes Muss.
– Via Roma, 25–29 r
▸ Klappe hinten, c 2/3
– Via dei Martelli, 3–7 r (junge Mode)
▸ Klappe hinten, d 1/2
– Via Por Santa Maria, 70–74 r
▸ Klappe hinten, c 4

**Stefano Bemer** ▸ Klappe hinten, a 4
Nicht ganz billig sind die handgefer-
tigten Schuhe, doch man kann sicher
sein, dass nur die edelsten Materiali-
en verwendet werden. Besonders ex-
klusiv: die Modelle mit feiner Seide
aus dem Antico Setificio Fiorentino.
Borgo San Frediano, 136 r • Sa geschl.

**MÄRKTE**
**Mercato Cascine**
▸ Klappe hinten, westl. a 2
Großer Markt am Arno, auf dem sich
manches Schnäppchen machen lässt.
Di vormittags

**Mercato Centrale**
▸ Klappe hinten, c 1
Wunderschöne Markthalle mit einer
reichen Auswahl an Lebensmitteln.

Piazza San Lorenzo • 16. Sept.–
14. Juni Mo–Fr 7–14, Sa 7–17,
15. Juni–15. Sept. 7–14 Uhr

### Mercato Nuovo/Mercato del Porcellino ▸ Klappe hinten, c 3

Reiches Angebot an Tischwäsche,
florentinischen Handstickereien, Lederartikeln und Korbwaren, weswe-
gen er auch Mercato della Paglia heißt.
Piazza del Mercato Nuovo • tgl. 8–
19 Uhr, im Winter Di–Sa 9–18 Uhr

### Mercato del Piccolo Antiquariato/ Mercato delle Pulci ▸ Klappe hinten, f 3

Der kleine Antiquitäten- und Floh-
markt ist eine echte Fundgrube.
Piazza de' Ciompi • Mo–Sa (Sommer),
Di–Sa (Winter), letzter So im Monat

MERIAN-Tipp 7

**DAS PERSÖNLICHE PARFUM**
▸ Klappe hinten, d 5

Lorenzo Villoresi, mittlerweile weit
über Florenz hinaus bekannt, hat
viele Düfte kreiert. Doch es gelingt
ihm in seinem »laboratorio«, hoch
über den Dächern der Stadt indivi-
duelle Parfumträume zu erfüllen.
Man darf es jedoch nicht eilig haben, wenn er im Gespräch heraus-
findet, was das »Persönliche« an
dem Duft sein soll. Deutsch sprechen ist kein Problem für ihn. Ob
in der Schatulle aus Olivenholz, in
feinem Florentiner Leder oder im
eleganten Kristallflakon mit Silber-
verschluss, seine Kreationen kennen keine Konkurrenz.
Via de Bardi, 14 (nur mit Voranmeldung) • Tel. 05 52 34 11 87 •
www.lorenzovilloresi.it

### Mercato di Sant'Ambrogio ▸ Klappe hinten, östl. f 3

Neben Agrarprodukten aus dem Umland gibt es Blumen und Kleidung.
Piazza Ghiberti • tgl. bis 14 Uhr

### Mercato di San Lorenzo ▸ Klappe hinten, c 1

Unzählige Stände mit Lederartikeln,
Schmuck und Secondhandkleidung.
Tgl. bis Sonnenuntergang

**MODE**

Das Beste vom Besten wird in der feinen **Via de' Tornabuoni** (▸ Klappe
hinten, c 2/3), der teuren Boutiquen-
straße, angeboten. Hier und in der
**Via della Vigna Nuova** (▸ Klappe
hinten, b 3) reihen sich die Designer
wie Perlen an der Schnur auf: Arma-
ni, Biagiotti, Coveri, Etro, Fendi, Fer-
ragamo, Gucci, Ferré, Prada, Roberto
Cavalli, Trussardi, Ungaro, Valentino,
Versace, Yves Saint Laurent.

### Luisa ▸ Klappe hinten, c 3

Namhafte Designer auf zwei Etagen.
Via Roma, 19–21 r

**PARFUM**
### Officina Profumo-Farmaceutica di Santa Maria Novella ▸ Klappe hinten, b 2

Nur wenige Schritte von der Kirche
Santa Maria Novella entfernt steht
man vor einem eher bescheidenen
Eingang. Schaufenster sucht man ver-
geblich. Betritt man den Innenraum
durch einen Korridor, erlebt man die
Einzigartigkeit des Raumes. Hohe Re-
gale, Vitrinen, Skulpturen, Parfum-
flakons, edle Karaffen bleiben, wie
der Duft, nachhaltig in Erinnerung.
Eine Zeitreise in klösterliche Kräuter-
düfte und ein Spaziergang in die Welt
der Cremes, Essenzen, Heilkräuter,

Duftmischungen aller Art und parfümierten Körperpuder! Dass sich Mönche von jeher mit Rezepturen solcher Art beschäftigten und jene auch feilboten, ist nicht neu. Auch in dieser Farmacia wurden bereits im Gründungsjahr 1612 Geschäfte damit gemacht. Damals entstand ein Unternehmen, das in seiner Art bis heute einzigartig ist. Nur krank sein muss man nicht mehr. Die wohltuenden Elixiere und betörenden Düfte in feinsten Schatullen und Flakons sind Balsam für die Seele und wunderbare Mitbringsel. So ist etwa der »Alchermes«, ein Likör aus exotischen Gewürzen, Rosenwasser und Orangenschalen, eine herrlich schmeckende Beigabe für die »zuppa inglese«.
Via della Scala, 16 • Tel. 0 55 21 62 76 • www.smnovella.com • Di–Sa 9.30–19.30 Uhr

### SCHMUCK

Neben dem **Ponte Vecchio** (▸ Klappe hinten, c 4) mit seinen vielen Juwelieren – wie Bellini, Vettori, Gherardi und Melli – gibt es in der Stadt noch viele Preziosen feinster Art.

### Aprosio & Co ▸ Klappe hinten, b 4

Ein feines Atelier, in dem kein normaler Perlenschmuck, sondern kleine Kunstwerke aus Perlen gefertigt werden. Dafür steht Ornella Aprosio.
Via Santo Spirito, 11

### Gatto Bianco ▸ Klappe hinten, c 4

Schmuck aus diversen Materialien gibt es bei Carla und Walter Romani.
Borgo Santissimi Apostoli, 12

### Torrini ▸ Klappe hinten, d 2

Hier können Sie sich den »Gold-Fiorino« nacharbeiten lassen.
Piazza del Duomo, Ecke Via dei Servi

### STOFFE
### Antico Setificio Fiorentino
▸ Klappe hinten, westl. a 3

Besondere, edle Seiden- und Bezugsstoffe auf Anfertigung.
Geschäft in der Via Bartolini, 4, Showroom in der Via della Vigna Nuova, 97 r

Lorenzo Villoresi (▸ MERIAN-Tipp, S. 54), die feinste »Duftnase« von Florenz.

### Bacci Tessuti ▸ Klappe hinten, c 1

Enorme, preisgünstige Auswahl an Seiden-, Baumwoll-, Leinen- und feinen Hemdenstoffen.
Via dell'Ariento, 32 r

### La Casa del Tessuto
▸ Klappe hinten, c 2

Sicherlich das beste Stoffgeschäft der Stadt mit fantastischer Auswahl, das im November 2009 sein 80-jähriges Jubiläum feierte.
Via dei Pecori, 20 r

Benediktiner begannen im 11. Jh. mit der Errichtung des Klosters Badia a Coltibuono (▶ S. 57). Heute kann man hier in Traumlage Ruhe pur und feinste Speisen genießen.

## WÄSCHE
**Caponi**   ▶ Klappe hinten, a 2/3
Wollen Sie wie die Florentiner schlafen und essen, dann werden Sie hier bestens beraten. Feinste Leinen- und Seidenbettwäsche, exklusive Nachtkleider, Stickereien, Spitzendecken.
Piazza Antinori, 4 r und Via delle Belle Donne, 28 r

## AM ABEND
**Tabasco**   ▶ Klappe hinten, c 4
Das erste Gay-Lokal Italiens besteht seit dem Jahr 1974.
Piazza Santa Cecilia, 3 r • Mo geschl.

**Villa Kasar**  ▶ Klappe hinten, östl. f 5
Elegante Diskothek; zu den illustren Gästen zählen Models, VIPs und die Florentiner Aristokratie.
Lungarno Colombo, 23 • Mo geschl.

**Yab Club**   ▶ Klappe hinten, c 3
Seit vielen Jahren anerkanntermaßen die erste Disco am Ort.
Via de'Sassetti, 5 r • Mo geschl.

## SERVICE
### AUSKUNFT
**APT Firenze** ▶ Klappe hinten, östl. f 3
Via Manzoni, 16 • www.firenze
turismo.it • Mo–Fr 9–13 Uhr

**Ufficio informazioni**
– Via Cavour, 1 r • Tel. 0 55 29 08 32/
-3 • Mo–Sa 8.30–18.30, So, feiertags
8.30–13.30 Uhr  ▶ Klappe hinten, d 1
– Aeroporto A. Vespucci, Via del Termine, 1 (Ankunft) • Tel. 0 55 31 58 74 •
www.aeroporto.firenze.it • tgl. 8.30–
20.30 Uhr
▶ Klappe hinten, nordwestl. a 1

**Comune di Firenze**
www.comune.firenze.it
– Borgo Santa Croce • Tel. 05 52 34
04 44 • März–Okt. Mo–Sa 9–19,
Nov.–Feb. Mo–Sa 9–17, So, feiertags
9–14 Uhr       ▶ Klappe hinten, e 4
– Piazza Stazione, 4 a • Tel. 0 55 21
22 45 und 05 52 72 82 08 • Mo–Sa
8.30–19, So, feiertags 8.30–14 Uhr
▶ Klappe hinten, b 1

**BAHNHOF**    ▶ Klappe hinten, a/b 1
**Fahrkartenbuchung**
Tel. 1 99 16 61 77 • tgl. 8.30–20 Uhr

**Auskunft**
Tel. 0 55 1 10 • tgl. 7–21 Uhr

**FAHRRADVERLEIH**
**Mille e una bici**
Tel. 05 55 00 04 53
– Piazza Santa Maria Novella
▶ Klappe hinten, b 2
– Campo di Marte
▶ Klappe hinten, nördl. a 1
– Piazza Santa Croce
▶ Klappe hinten, e 4
– Piazza Annigoni/Mercato Sant'
Ambrogio    ▶ Klappe hinten, östl. f 3

**Alinari**    ▶ Klappe hinten, nördl. c 1
Via San Zanobi, 38 r • Tel. 0 55 28
05 00 • www.alinarirental.com

**Florence by bike**
▶ Klappe hinten, nördl. c 1
Via San Zanobi, 120 r • Tel. 0 55 48
89 92 • www.florencebybike.it

# Ziele in der Umgebung
## ◎ Badia a Coltibuono
▶ S. 146, B 14

In der »Abtei der guten Ernte«, einem der ältesten Klöster (770) der Toskana in 624 m Höhe gelegen, soll der erste Chianti angebaut worden sein. Die Kirche (1049) gelangte um 1100 in den Besitz der Vallombrosianer. 1846 erwarb Michele Giuntini, der Urgroßvater der heutigen Eigentümer Stucchi-Prinetti, das Kloster. Lorenza de' Medici und ihr Ehemann Piero Stucchi-Prinetti haben das Gut in den Sechzigerjahren zu dem gemacht hat, was es heute ist. Ihre drei Kinder, Emanuela, Paolo und Guido, führen nach modernen und biologischen Gesichtspunkten die Arbeit von Coltibuono weiter. Die drei teilen sich die Arbeit: Guido, der Jüngste, leitet die Kochkurse und kümmert sich um Bed & Breakfast und Agriturismo, Paolo leitet das Lokal, und Emanuela macht die Öffentlichkeitsarbeit. Atmosphärisch ausgestattet sind die ehemaligen Klosterzellen. Zu Spaziergängen lädt der Italienische Garten ein; das Schwimmbad und der 800 ha große Wald sind für sportlich Begeisterte der ideale Rahmen für unbeschwerte Ferien. Ob man hier zu einem Kochkurs anreist, zum Essen ins Restaurant kommt, die ehemalige Abtei besichtigen oder etwas kaufen möchte, eine Durchfahrtssteuer, wie sie im Mittelalter von Durchreisenden gefordert wurde, ist heute nicht mehr zu entrichten!
Gaiole in Chianti, Loc. Badia a Coltibuono • Tel. 0 57 77 44 81 • www.colti buono.com • Restaurant: Tel. 05 77 74 94 24 • tgl. 12–15, 19–23 Uhr • € • Direktverkauf: April–Okt. tgl. 9–19, Nov.–Dez. Di–So 8–18 Uhr
66 km südl. von Florenz

## ◎ Fiesole    ▶ S. 146, A 13
15 000 Einwohner
Fiesole geht auf das 6./7. Jh. v. Chr. zurück und war eine der bedeutendsten Etruskerstädte. Reste der einst mächtigen Stadtmauer stehen noch im Norden und Osten. 1125 fiel Fiesole an die Florentiner, die die Stadt nach längerer Belagerungszeit verwüsteten. Die **Badia Fiesolana** wurde über dem Grab des hl. Romolus, der Fiesole missioniert hatte, errichtet. Die Benediktiner machten aus der Badia 1028 eine blühende Abtei. Ihren Ausbau, mit einer Sakristei im Stile Brunelleschis, finanzierte Cosimo il Vecchio.

Aus christlicher Zeit stammt der Dom **San Romolo** (1028) mit zinnenbekröntem Glockenturm (1213). Im Innern der romanischen Kirche ist das Grab des Bischofs Salutati von Mino da Fiesole (1446) sehenswert. Das **römische Theater** (1. Jh. v. Chr.) wurde erst 1809 entdeckt und 1873 freigelegt. Heute finden im Sommer darin Theater-, Konzert- und Kinoaufführungen statt. Nach dem Besuch im Kloster **San Francesco** mit seinem idyllischen Kreuzgang kann man auf Anfrage ein kleines Museum besichtigen. Hier werden Geschenke der Franziskaner bewahrt (Spende nicht vergessen!). Anfahrt mit Bus Nr. 7 vom Bahnhof Santa Maria Novella.
8 km nördl. von Florenz

**SERVICE**

**AUSKUNFT**
**Ufficio di Informazioni e Accoglienza Turistica**
Via Portigiani, 3/5 • Tel. 05 55 96
13 23 • www.comune.fiesole.fi.it

### ◎ Medici-Villen   ▶ S. 141, F 4
**Villa di Poggio a Caiano**

Das Leben in Florenz ist ohne die »villeggiatura« (Sommerfrische) und die »villa« nicht zu denken. Eine der imposantesten, errichtet 1480 bis 1485 für Lorenzo il Magnifico, liegt an der Straße nach Pistoia.
Poggio a Caiano • Tel. 0 55 87 70 12 •
Nov.–Feb. 8.15–16.30, März, Okt.
bis 17.30, April, Mai, Sept. bis 18.30,
Juni–Aug. bis 19.30 Uhr, 2. und 3. Mo
im Monat geschl. • Eintritt frei
18 km nordwestl. von Florenz

### Villa Medicea di Careggi

Zu dieser Villa gelangt man durch das Industrieviertel von Rifredi. Gebaut wurde sie 1433 von Michelozzo

und war bis zum Tod von Lorenzo il Magnifico im Jahr 1492 Treffpunkt von Künstlern, Literaten, Philosophen und Wissenschaftlern.
Florenz, Viale Gaetano Pieraccini, 17 •
Tel. 05 57 94 95 01 • wegen Renovierungsarbeiten sind Villa und Park auf unbestimmte Zeit geschlossen
5 km nördl. vom Stadtzentrum

### Villa Medicea di Castello

Hier ist die **Accademia della Crusca per la Lingua Italiana** untergebracht.
Florenz, Via di Castello, 47 • Tel.
0 55 45 47 91 • nur Park Nov.–Feb.
8.15–16.30, März, Okt. bis 17.30,
April, Mai, Sept. bis 18.30, Juni, Juli,
Aug. bis 19.30 Uhr, 2. und 3. Mo im
Monat geschl. • Eintritt frei
7 km nordwestl. vom Stadtzentrum

### Villa Medicea La Petraia

Sehr schöne Medici-Villa mit »Hängendem Garten« an der nordwestlichen Peripherie von Florenz.
Florenz, Via della Petraia, 40 • Tel.
0 55 45 26 91 • Öffnungszeiten siehe Villa Medicea di Castello • Eintritt frei
7 km nordwestl. vom Stadtzentrum

Der Einlass für alle Villen schließt 1/2 bis 1 Stunde früher (Info: www.polo museale.firenze.it). Eine Reihe alter Ansichten von Medici-Villen hat der flämische Maler Utens 1599 in Form von Lünettenbildern festgehalten. Sie hängen in Florenz im **Museo storico topografico Firenze com'era**.
Via dell'Oriuolo, 24 • Mo–Mi 9–14,
Sa 9–19 Uhr • Eintritt 2,70 €

### ◎ Panzano   ▶ S. 146, A 14
3000 Einwohner

Der Name Panzano existierte wohl schon zur Römerzeit, die Siedlung ist jedoch älter, da in der Umgebung etruskische Fundstücke ausgegraben wurden. Das Dorf befindet sich genau zwischen Florenz und Siena, weshalb es in früheren Zeiten stets ein Ort für Streitigkeiten war. Die Burg liegt auf einer Anhöhe, die das Val di Greve vom Val di Pesa trennt; besichtigt werden können Burghof und Umgebung. Die Häuser entlang der schmalen Straßen, die bergab führen, besitzen mittelalterlichen Charakter. Darüber hinaus sind die Reste der alten, nach wie vor benutzten Römerstraße (»Senice«) von historischem Interesse.

3 km südl. von Florenz

### SEHENSWERTES
#### Pieve San Leolino

In weniger als 3 km Entfernung von Panzano liegt die Pieve San Leolino. Die Gründung der Pfarrkirche reicht auf das 8. Jh. zurück, im 12. Jh. bekam sie ihren romanischen Charakter. Im Kircheninneren befinden sich ein Kunstwerk aus dem 13. Jh. (»Meliore di Jacopo«), ein Tryptichon (15. Jh.) des »Maestro di Panzano« sowie zwei Tabernakel von Giovanni della Robbia. Neben der Kirche liegt ein wunderbarer kleiner Kreuzgang (14. Jh.). Ein idealer und beliebter Ort für Paare, um sich hier trauen zu lassen. Zur Besichtigung einfach läuten.

3 km südl. von Panzano

### ◎ Prato     ▶ S. 142, A 8
183 000 Einwohner

Nach Florenz und Livorno ist Prato die drittgrößte Stadt der Toskana. Sie hat ihre lange Tradition der Tuchbzw. Textilproduktion bewahrt. Bereits 1351 gehörte Prato zur Republik Florenz. Beim Bummel durch die engen und geschäftigen Straßen um den Domplatz entdeckt man einen gut erhaltenen gotischen Stadtkern. Sehenswert ist neben dem nach pi-

Zu den schönsten Medici-Villen zählt die Sommerresidenz der Familie in Poggio a Caiano (▶ S. 58). Die zweiflügeligen Treppen wurden allerdings erst im 17. Jh. angebaut.

Details am Eingangsportal zum Battistero di San Giovanni in Corte (▸ S. 60).

sanisch-lucchesischem Vorbild errichteten **Dom** (Cattedrale di Santo Stefano) mit einer ungewöhnlichen Außenkanzel von Donatello und Michelozzo (1434–1438) das imposante, in Mittelitalien einzigartige staufische **Castello dell'Imperatore**. Kaiser Friedrich II. hatte es 1237 bis 1248 nach dem Vorbild seines Castel del Monte in Apulien errichten lassen (tgl. außer Di 9–13, 16–19, Okt.–März 9–13 Uhr; Eintritt 2,50 €).

Prato besitzt mit dem **Centro per l'Arte Contemporanea »Luigi Pecci«** das größte Museum zeitgenössischer Kunst in Italien (Viale della Repubblica, 277; Tel. 05 74 53 17; www.centropecci.it; Mi–Mo 10–19 Uhr; Eintritt frei). Interessante Wechselausstellungen (Eintritt 5 €).

17 km nordwestl. von Florenz

**SERVICE**

**AUSKUNFT**
**APT Prato**
Piazza delle Carceri, 15 • Tel. 0 57 42 41 12 • www.prato.turismo.toscana.it

# Pistoia                    ▸ S. 141, F 4

92 300 Einwohner
Stadtplan ▸ S. 61

Ein landwirtschaftlich und industriell blühendes Zentrum mit Baumschulen im **Ombrone-Tal** und einer Eisenverarbeitung. Pistoia war eine Gründung der Römer, stand aber immer im Schatten von Lucca und Florenz. 1177 wurde es zur freien Stadt und erlebte eine kurze Blüte, die 1251 durch Florenz beendet wurde. In der Folge geriet Pistoia wiederholt in die Auseinandersetzungen zwischen Guelfen und Ghibellinen. 1306 wurde der Ort nach langer Belagerung durch Lucca und Florenz geplündert, die Türme und Mauern wurden abgerissen. 1530 folgte die Eingliederung in das Herzogtum Toskana. Von den Zerstörungen des Zweiten Weltkriegs blieb die Altstadt rund um die **Piazza del Duomo** verschont. Hier stehen imposante Bauten wie der **Duomo San Zeno**, das **Battistero**, der **Palazzo Pretorio** und der **Palazzo Comunale**.

## SEHENSWERTES

### Battistero di San Giovanni in Corte          ▸ S. 61, b 2

Der Oktogonalbau mit seiner gestreiften Marmorverkleidung wurde in den Jahren 1338 bis 1359 nach Plänen von Andrea Pisano ausgeführt. Im Innern befinden sich Arbeiten von Tommaso und Nino Pisano. Piazza del Duomo • April–Sept. tgl. 10–18, Okt.–März Di–So 10–13 Uhr • zwischenzeitlich restaurierungsbedingt geschl.

### Duomo di San Zeno          ▸ S. 61, b 2

Der 67 m hohe Campanile steht auf den Fundamenten eines langobardischen Wachturms und ist der einzige noch verbliebene Turm von Pistoia. Die Majolika-Kassetten am Tonnengewölbe des mittleren Bogens entstammen der Hand von Andrea della Robbia. Im Inneren der dreischiffigen Anlage mit streng gegliederter Fassade ist der kostbare Silberaltar (1287–1456) des hl. Jakobus sehenswert, ein großartiges Werk mehrerer Generationen italienischer Silberschmiede und Bildhauer.

Piazza del Duomo • Mo–Sa 8.30–12.30, 15.30–18.30 Uhr • Eintritt 2 €

### Ospedale del Ceppo ▶ S. 61, b 1/2

Das Hospital wurde einst für eine im 13. Jh. gegründete Wohltätigkeitsinstitution errichtet. »Ceppo« meint den ausgehöhlten Baumstamm, mit dem man die Almosen einsammelte

und verteilte. Sehenswert sind die Tondi und der Majolika-Fries, die man 1514 bei der Werkstatt der Della Robbia für den nach dem Vorbild Brunelleschis errichteten Portikus des Findelhauses in Auftrag gab. Dargestellt sind Werke der Barmherzigkeit wie das Einkleiden der Armen, das Beherbergen der Pilger oder die Speisung der Hungernden.

Piazza Giovanni XXIII

### Palazzo Comunale ▶ S. 61, b 2

Unter dem gleichen Podestà (Bürgermeister), der in Florenz den Palazzo Vecchio errichten ließ, wurde 1294 auch dieser Bau beschlossen. Die Erweiterungen zu einem der größten Rathäuser der Toskana erfolgten im 14. Jh. Die Fassade ist ver-

tikal in fünf Achsen gegliedert: die Arkaden der Loggia, darüber zweibogige, dann dreibogige Fenster. Im Inneren befinden sich Fresken des 15. und 16. Jh. und das **Museo Civico** (1. und 3. Stock), u.a. mit einer Reiterbronze von Marino Marini, der 1901 in Pistoia geboren wurde.

Piazza del Duomo • Di, Do, Fr, Sa 10–18, Mi 16–19, So, feiertags 11–18 Uhr • Eintritt 3,50 €

### Pieve di Sant'Andrea   ▸ S. 61, a 1

Von der Kirche aus dem 9. Jh. zeugen Teile der Fassade im pisanischen Stil mit Blendarkaden und Ornamentfriesen. Im Innenraum des 12. Jh. wesentlich erweiterten Baus befindet sich die berühmte Kanzel von Giovanni Pisano (1298–1301) mit Szenen aus dem Leben Christi. Vom selben Künstler stammt auch das Holzkruzifix rechts hinter dem ersten Altar.

Via Sant'Andrea • tgl. 8.30–12.30, 15.30–18.30 Uhr

### SPAZIERGANG

Stadtplan ▸ S. 61

Das lebendige Treiben in den Straßen und Gassen der Altstadt ist an den Markttagen besonders reizvoll. Kunsthistorisch Interessierte erwartet an der **Piazza del Duomo** mit dem Dom, dem **Palazzo Comunale** (mit Medici-Wappen und Schlüsseln des Papstes über dem Mittelfenster des Hauptgeschosses) und dem **Palazzo del Podestà** (1367) an der Südseite eine geballte Ladung Stadt- und Baugeschichte.

Am Baptisterium und dem Palazzo del Capitano del Popolo aus dem Jahr 1292 vorbei gehen Sie die Via Roma hinunter und biegen rechts in die Via Cavour ein. Hier sehen Sie links die schöne Kirche **San Giovanni Fuorcivitas** (12.–14. Jh.) mit ihrer grün-weiß gestreiften, durch Säulenreihen gegliederten Seitenwand und das kleine **Oratorio di Sant'Antonio Abate**. Gegenüber ragt mächtig der **Palazzo Fioravanti** in den Himmel. An ihm führt rechts eine kleine Gasse in das eigentliche Marktviertel mit ungewöhnlichen Plätzen, wie der **Piazza della Sala**. Schlendernd genießt man das bunte Treiben und kann sich zum Abschluss im **Caffè Valiani** in der Via Cavour bei süßen Spezialitäten auf den nächsten Tag einstimmen.

Dauer: 2–3 Std.

### ÜBERNACHTEN

**Il Convento**   ▸ S. 61, östl. c 1

Inmitten von Olivenhainen • Außerhalb von Pistoia malerisch auf einem Hügel in einem einstigen Franziskanerkloster gelegen. Mit Schwimmbad.

Loc. Ponte Nuovo, Via San Quirico, 33 • Tel. 05 73 45 26 51 • www.ilconvento hotel.it • 32 Zimmer, 1 Suite • €

5 km nordöstl. von Pistoia

**Firenze**   ▸ S. 61, b 2

**Gutes Preis-Leistungs-Verhältnis** • Trotz einer Grundrenovierung der Zimmer im antiken Palast (Konvent) blieben die Preise akzeptabel. Das Frühstück ist inklusive.

Via Curtatone e Montanara, 2 • Tel. 05 73 23 31 41 • www.hotelfirenze.it • 20 Zimmer • €

**Milano**   ▸ S. 61, b 3

**Angenehm** • Renoviertes und komfortables Haus in Pistoias Altstadt mit eigenem Parkplatz. Das Frühstück ist inklusive.

Viale Antonio Pacinotti, 12 • Tel. 05 73 97 57 00 • www.hotelmilanopistoia.it • 55 Zimmer • €

Nachts entfalten die beleuchteten Gebäude an der Piazza del Duomo von Pistoia mit dem achteckigen Baptisterium (▸ S. 60) eine geradezu magische Wirkung.

## ESSEN UND TRINKEN

### Caffè Valiani                    ▸ S. 61, b 2

**Historisches Ambiente** • Im ehemaligen Baptisterium nimmt man heute bei Kaffee und gutem Kuchen Platz. Via Cavour, 55 • Di geschl.

### Locanda Pandivia              ▸ S. 141, F 4

**Idyllisch** • Barbara, Rosi und Bäcker Franco haben sich der »focaccia« (Fladenbrot) verschrieben. Doch mit dem neuen Koch Pasquale und dessen Initiative gibt es jetzt vegetarische (auch vegane) sowie glutenfreie Gerichte. Die mit Olivenöl und köstlichen Füllungen gebackene »focaccia« ist wie all die anderen Speisen biologischer Herkunft. Toskanisch traditionell die Vorspeisen, wenige Hauptgerichte, dafür eine gute Palette an klassischen »dolci«. Bei schönem Wetter nimmt man auf einer großen überdachten Terrasse Platz. Da alles frisch zubereitet wird, sollte man ein wenig Zeit mitbringen. Piteccio, Via del Castagno, 34 • Tel. 05 73 40 80 50 • www.pandivia.it • Juni–Sept. Di–So 18–23, Okt., Dez.–Mai Do–Sa 18–23, So 16–23 Uhr • € 9 km nördl. von Pistoia

### Il Postino ► S. 61, nordöstl. c 1

**Selbst gemachte Pasta** • Die beiden Schwestern Stefania und Linda haben das Know-how von der Mutter, und neben einer guten Pizza servieren sie Pasta aus eigener Herstellung, Täubchen, Kaninchen und den berühmten »fritto fiorentino«.
Sant'Alessio, Via di Bigiano, 60 • Tel. 05 73 45 10 28 • Mi geschl. • €
4 km nördl. von Pistoia

### Trattoria dell'Abbondanza
► S. 61, b 2

**Familiäre Atmosphäre** • Rossella und Patrizio betreiben ihre Trattoria seit 13 Jahren und legen dabei auf angenehme Atmosphäre großen Wert. Die toskanischen Spezialitäten sind von ausgezeichneter Qualität und doch preisgünstig.
Via dell'Abbondanza, 10/14 • Tel. 05 73 36 80 37 • Mi, Do mittags geschl. • €

## EINKAUFEN

### Cioccolateria Catinari ► S. 141, F 4

Zum berühmten Schokoladenkünstler muss man einfach einen Abstecher machen. Verwöhnen Sie sich mit den köstlichsten seiner »cioccolatini«, über 120 an der Zahl.
Via Provinciale, 378, Loc. Agliana • Tel. 05 74 71 85 06 • www.roberto catinari.it

### Mercato dell'Antiquariato
► S. 61, a 3

Jedes zweite Wochenende im Monat erfreut sich der Antiquitätenmarkt in den Ex-Bredahallen größter Beliebtheit bei eifrigen Sammlern.
Via Sandro Pertini • Sept.–Juni 9–19 Uhr

### Torrefazione Caffè Slitti
► S. 141, E 4

Ohne Meisterbrief stellt der Meister neben einem ausgezeichneten Caffè

Die Tettuccio-Therme in Montecatini Terme (► S. 65). Das beliebte, weitläufige Heilbad beherbergte viele berühmte Kurgäste, und der Ort zählt heute mehr als 200 Hotels.

allerfeinste Schokoladenkreationen her. Die »Werkzeuge« und der kleine essbare Löffel zum Caffè gehören, wie die reichhaltige Palette zu Ostern und zur Weihnachtszeit, zu seinen interessantesten Kreationen.
Monsummano Terme, Via Francesca Sud, 1268/1272 • Tel. 05 72 64 02 40 • www.slitti.it • So geschl.

### Wochenmarkt    ▶ S. 61, b 2
– Piazza del Duomo, Piazza dello Spirito Santo • Mi und Sa 7.30–13 Uhr
– Piazza della Sala, Via Ciliegiole • Mo–Sa vormittags

#### SERVICE
**AUSKUNFT**
**APT Pistoia**    ▶ S. 61, b 2
Piazza del Duomo, 4 • Tel. 0 57 32 16 22 • www.pistoia.turismo.toscana.it

## Ziele in der Umgebung

### ◎ Cerreto Guidi    ▶ S. 145, F 9
10 200 Einwohner
Inmitten von Weinbergen und Olivenhainen auf einer Anhöhe über dem Arno-Tal gelegen. Im alten Kastell errichtete man nach Plänen von Buontalenti eine Villa für die Medici, und im Jahr 1576 wurde hier Isabella von ihrem Ehemann Paolo Giordano Orsini erwürgt. In der Pfarrkirche **San Leonardo** befindet sich ein sechseckiges Terrakotta-Taufbecken von Giovanni della Robbia (1511).
28 km südl. von Pistoia

### ◎ Montecatini Terme
21 038 Einwohner    ▶ S. 141, F 4
Italiens bekanntestes Heilbad. Einladend der große Kurpark mit seinen neun palastartigen Kuranstalten, den Brunnengalerien und Wandelhallen aus dem 19. Jh. sowie den eleganten Geschäften und Antiquitätenläden. Bereits im Jahr 1417 hatte der Arzt Ugolino Simoni die Heilkraft der Quellen erkannt. Besuchenswert ist auch das oberhalb gelegene malerische Dorf **Montecatini Alto**.
17 km westl. von Pistoia

### ◎ Vinci    ▶ S. 145, F 9
4340 Einwohner
Über eine kurvenreiche Straße erreicht man von Pistoia aus Vinci. Die Dorfbewohner des Leonardo-Städtchens geben vor, besser zu wissen, wo der berühmte Leonardo geboren ist. Er sei einer von ihnen, gar ein Verwandter, schließlich nahm er sogar den Namen des Ortes an.
Wie dem auch sei, das Universalgenie Leonardo da Vinci, offiziell unehelich am 15. April 1452 im Ortsteil Anchiano geboren, hat das inmitten von Weinbergen und Olivenhainen auf den Hängen des Monte Albano gelegene mittelalterliche Vinci sehr berühmt gemacht. Ein Abstecher in das 3 km entfernte **Anchiano** vermittelt einen Eindruck von der ländlichen Idylle seiner Kindheit.
26 km südl. von Pistoia

#### MUSEEN
**Museo Leonardino** ♟♟
Das Museum wurde im Schloss des Grafen Guidi (13. Jh.) eingerichtet. Neben der Biblioteca Leonardiano und dem Institut für Leonardo-Forschung beherbergt es eine Sammlung von mehr als 100 Modellen, Zeichnungen und Repliken von Leonardos Maschinen und Erfindungen, die dort bewundert werden können.
Eingang Palazzina Uzzielli • Tel. 05 71 93 32 51 • www.museoleonardiano.it • tgl. 9.30–18/19 Uhr • Eintritt 6 €, erm. 4,50 €

## Pisa und der Nordwesten Der
Campo dei Miracoli mit dem Schiefen Turm ist das grandiose
Vermächtnis der einst überaus betuchten Seerepublik Pisa.
Auch Lucca präsentiert sich als architektonisches Kleinod.

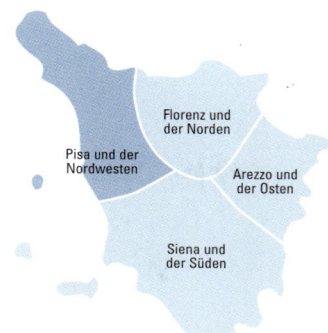

◀ Die Torre pendente, den berühmten Schiefen Turm von Pisa (▶ S. 70), können Besucher bis zum 6. Stock besteigen.

Toskanaverliebte fühlen sich oft in **Lucca** am wohlsten; es ist zweifellos die lieblichste Stadt der Toskana. An den Stränden der **Versilia** reihen sich mondäne und familiäre Badeorte wie an einer Kette auf, begleitet von den Bergen der **Apuanischen Alpen**. Bagni di Lucca hat heilsames Wasser. In **Pisa** macht der »Platz der Wunder« seinem Namen alle Ehre. Geburt, Leben und Tod sind nirgendwo eindrucksvoller symbolisiert als auf dem Campo dei Miracoli mit den architektonischen Glanzlichtern Dom, Baptisterium und Camposanto. Dazu der weltbekannte Schiefe Turm.

**Livorno** hat Vergleichbares nicht zu bieten, dafür ist es eine heitere, lebendige Stadt am Meer. In der auf drei Hügeln thronenden Stadt **San Miniato** dreht sich im Herbst alles um Trüffel. Pinocchios Märchenwelt liegt in **Collodi**, die mit der Villa Garzoni und dem bilderbuchhaften Garten nicht nur die Kinder verzückt.

## Pisa ▶ S. 144, C 9

90 740 Einwohner
Stadtplan ▶ S. 69

Von den Griechen 600 v. Chr. gegründet, entwickelte sich Pisa unter römischer Herrschaft schnell zu einer militärisch und wirtschaftlich wichtigen Hafenstadt. Ab dem 9. Jh. erwarb sich Pisa dann nach und nach die Stellung der bedeutendsten Seemacht im westlichen Mittelmeer. Gipfelpunkt dieser Entwicklung war der im Bündnis mit den Normannen errungene Sieg über die Sarazenen im Jahr 1063 bei Messina und Palermo. In der Folgezeit wuchs Pisa zu einem blühenden Zentrum heran. Die selbstbewusste Bürgerschaft der Stadt gab sich eine republikanische Verfassung und unterstellte sich direkt dem römischen Kaiser.

Kämpfe mit den Nachbarstädten, innere Streitereien, vor allem aber die Niederlage in der **Schlacht bei Meloria** (1284) gegen Genua führten zum allmählichen Niedergang. 1406 wurde Pisa nach längerer Belagerung schließlich von Florenz erobert.

Von hohem Rang und Einfluss ist die pisanische Kunst des 12./13. Jh. Die von Nicola Pisano begründete und von seinem Sohn Giovanni weitergeführte Baumeister- und Bildhauerschule wirkte fort in den Städten Florenz, Siena, Bologna und Perugia.

Heute ist Pisa eine bedeutende Universitätsstadt mit 50 000 Studenten, die neben dem Tourismus von der Industrie und dem Handel lebt. Sant' Andrea, San Martino, Borgo Stretto und Borgo Largo zählen mit ihren schmalen Gassen und engen Plätzen zu den traditionsreichsten Stadtteilen Pisas. Die Hauptattraktionen sind natürlich der Schiefe Turm und der Platz, auf dem er steht: der grüne **Campo dei Miracoli** mit seinen hellen Marmorbauten.

Das imposante Mosaik »Die Herrlichkeit Christi« in der Apsis des Doms (▶ S. 68).

## SEHENSWERTES

### Battistero ▶ S. 69, a 1

30 Jahre nach Fertigstellung des Doms begann Diotisalvi 1153 mit dem Bau des Baptisteriums. Nicola und Giovanni Pisano setzten das Werk im 13. Jh. fort und schmückten den Rundbau und seine vier Portale mit einem gotischen Arkadenumgang und maßwerkverzierten Rundbogenfenstern, über denen die Pyramidalkuppel aufragt. Im Inneren der größten Taufkirche der Christenheit ist eine sechseckige Kanzel von Nicola Pisano (1260) zu bewundern.
Campo dei Miracoli • Nov.–Feb. tgl. 10–17, März 9–18/19, April–Sept. 10–20, Okt. 10–19 Uhr • Eintritt 5 €

### Camposanto Monumentale
▶ S. 69, a 1

Der Friedhof wurde im Jahr 1278 als nördlicher Abschluss des Campo dei Miracoli in der Form eines monumentalen Kreuzganges errichtet, in dessen heiliger Erde vom Golgatha-

hügel in Jerusalem die Pisaner Nobilità ihre letzte Ruhe fand. Antike Sarkophage und ein monumentaler Freskenzyklus des 14. Jh. vervollständigten die Ausstattung. Den Brand nach einem alliierten Bombardement im Zweiten Weltkrieg überstanden die Fresken, darunter der berühmte **Triumph des Todes**, nicht unbeschadet. Die bei der Restaurierung entdeckten Sinopien sind im **Museo delle Sinopie** ausgestellt.
Piazza del Duomo • Nov.–Feb. tgl. 10–17, März 9–18/19, April–Sept. 10–20, Okt. 10–19 Uhr • Eintritt 5 €

### Duomo Santa Maria Assunta
▶ S. 69, a 1

Das Meisterwerk italienischer Baukunst wurde 1063 nach dem Sieg über die Araber bei Palermo begonnen. Der monumentale Dom konnte bereits im Jahr 1118 von Papst Gelasius II. geweiht werden. Die Bronzeflügel der San-Ranieri-Pforte stammen von Bonanus (1180). Giovanni Pisano schuf die Skulpturen am Außenbau, die reliefgeschmückte Kanzel im Innenraum (1302–1311) und für die Sacrestia dei Cappellani die wunderbare Madonnenstatue aus Elfenbein (1299), die heute im **Dommuseum** (▶ Museo dell'Opera del Duomo, S. 71) zu bewundern ist.
Die großen kulturellen Leistungen Pisas verbinden sich vor allem mit dem Namen der Bildhauerfamilie Pisano. Giovanni Pisano (1245/48–1314) sind außerordentliche Werke zu verdanken. Auch sein Vater, Nicola, hat Großartiges geleistet. Dass er antike Skulpturen studiert hatte, zeigt der lebhafte Ausdruck der Figuren an seiner **Kanzel des Baptisteriums** (1260). Giovanni schuf 40 Jahre später mit der **Domkanzel** eines der

größten Meisterwerke der italienischen Gotik. Nie zuvor hatte man Menschen derart realistisch wiedergegeben. Um das Werk der Pisanos zu würdigen, sollte man es mit einer älteren, ebenso grandiosen Bildhauerarbeit vergleichen: An der um 1180 entstandenen **Porta San Ranieri** im südlichen Querhaus des Doms hat der Pisaner Bonanus auf 24 Bronzetafeln Geschichten aus dem Leben Christi festgehalten.

*Piazza del Duomo • Nov.–Feb. tgl. 10–13, 14–17, März 9–18/19/20, April–Sept. 10–20, Okt. 9–19, So, feiertags ab 13 Uhr • Eintritt 2 €*

© MERIAN-Kartographie

### Santa Caterina d'Alessandria

▸ S. 69, c 1

Der hl. Katharina von Alexandria, Patronin der Mädchen, sehr vieler verschiedener Berufe und der Universitäten, weihten die Dominikaner ihre Kirche (1251–1300). Schöne Marmorfassade mit Blendbögen, gotischen Säulenloggien und einer Rosette. Einschiffig der Innenraum mit Skulpturen von Nicola und Nino Pisano. An der Piazza befindet sich auch das »Cinema Teatro Lux«, weshalb der Platz meist zugeparkt ist.
**Piazza Santa Caterina, 5 • tgl. 9–12, 16–18, So, feiertags 8–12 Uhr**

### Santa Maria della Spina

▸ S. 69, a 3

Begonnen um 1333, wurde das Kirchlein 1871 abgetragen und an höherer Stelle des Flussufers wieder aufgebaut: ein Architektur gewordener gotischer Reliquienschrein für die »spina«, den Dorn der Christuskrone, der heute im Ospedale Santa Chiara bewahrt wird.
**Lungarno Gambacorti • www.comune. pisa.it • Nov.–Feb. Di–So 10–14, am 2. So im Monat 10–13, 14.30–17, März–Okt. Di–Fr 10–13.30, 14.30–18, Sa, So 10–19 Uhr • Eintritt 1,50 €**

### Torre pendente (Schiefer Turm) 3

▸ S. 69, a 1

Alles wieder im Lot? Die charakteristische Schieflage des 55 m hohen Wahrzeichens von Pisa auf dem Campo dei Miracoli hat nach dem Geraderücken um 40,6 cm nichts von seiner Attraktivität verloren. Schief bleibt er, ist aber angeblich für die nächsten 300 Jahre gerettet. Besucher können nun wieder im 40-Minuten-Takt die so lange Zeit versperrten 293 Stufen hinaufsteigen.
Das Wahrzeichen der Stadt war als frei stehender Glockenturm für den

Auf dem eindrucksvollen Campo dei Miracoli (▸ S. 68), dem »Platz der Wunder«, verkörpern Taufkapelle, Dom und Friedhof die Abschnitte Geburt, Leben und Tod.

Dom geplant. Die Grundsteinlegung fand 1173 statt, doch schon zwölf Jahre später begann sich der Turmstumpf zu neigen. Daraufhin wurde der Bau für etwa 100 Jahre unterbrochen, erst 1372 konnte die Glockenstube fertiggestellt werden.

Infos: Opera Primaziale Pisana, Piazza del Duomo, 17 • Tel. 0 50 56 05 47 • www.opa.pisa.it • Nov.–Feb. 10–17 (26. Dez.–7. Jan. 9–18), März 9–18/ 19/20.30, April–Sept. 8.30–20.30, (17. Juni–15. Sept. 8.30–23), Okt. 9–19 Uhr • Eintritt 15 €

### MUSEEN

### Museo Nazionale di San Matteo

▶ S. 69, c 3

Eine bedeutende Sammlung toskanischer und pisanischer Malerei und Skulpturen im ehemaligen Benediktinerkloster. Besonders sehenswert sind das Polyptychon »Madonna mit Kind und Heiligen« von Simone Martini, die »Milchmadonna« von Nino Pisano, ein »Apostel Paulus« von Masaccio sowie die »Maria mit Jesusknaben« von Gentile da Fabriano.

Lungarno Medíceo • Di–Sa 8.30–19, So, feiertags 8.30–13/13.30 Uhr • Eintritt 5 €

### Museo dell'Opera del Duomo

▶ S. 69, a 1

In dem einstigen Dominikanerkloster sind Kunstwerke der Kirchenbauten des Campo dei Miracoli zu sehen. Neben Werken von Nicola und Giovanni Pisano sowie Tino di Camaino verdienen der Domschatz und die ältesten noch erhaltenen handgearbeiteten Textilien besondere Erwähnung.

Piazza del Duomo • www.opapisa.it • Nov.–Feb. tgl. 10–17, März 9–18/19, April–Sept. 10–20, Okt. 10–19 Uhr • Eintritt 5 €

## MERIAN-Tipp ★ 8

### RELAIS DELL'USSERO A VILLA DI CORLIANO 🚼🍴 ▶ S. 145, D 9

Wer mehr auf verträumte Schönheit und weniger auf perfekten Komfort Wert legt, wird sich in diesen Ort auf Anhieb verlieben: eine im großen Park gelegene Villa aus dem 15. Jh. mit unterschiedlich eingerichteten Zimmern (drei ohne Bad) und einem Ambiente, das von vergangenen Zeiten erzählt. Als **Residenza d'Epoca** (auch Bed & Breakfast) führt nun die Familie des verstorbenen Conte Agostini della Seta das Haus, und dies bedeutet für Gäste weniger Service als in einem Hotel. In den alten Stallungen wird im Restaurant **Lady Carlotta** in neuem Ambiente toskanisch gekocht (Tel. 0 50 81 51 06; www.ladycarlotta.it; Di und im Jan. geschl. €/€€).

Rigoli, Statale Abetone, 50 • Tel. 0 50 81 81 93 • www.villacorliano. it • 12 Zimmer, 3 Suiten • € 12 km nördl. von Pisa

### SPAZIERGANG

Stadtplan ▶ S. 69

Der Bummel beginnt auf einer einst mit Läden überbauten Brücke, dem **Ponte di Mezzo.** Im Süden an der **Piazza XX Settembre** stehen der **Palazzo Gambacorti**, das heutige Rathaus (14. Jh.), und die **Logge di Banchi** (1603), unter denen am zweiten Wochenende im Monat der traditionelle Handwerksmarkt stattfindet.

Haben Sie die Brücke überquert, schauen Sie durch die **Via Rigattieri** in die **Via delle belle Torri** mit mittelalterlichen Turmhäusern. Wendet man sich westlich an den Arkaden in den ältesten Teil der Altstadt, kommt man zur charakteristischen **Piazza Vettovaglie** und zur **Piazza Sant' Omobono**, dem belebten Marktviertel. Über die **Piazza Donati** gelangt man zur **Piazza dei Cavalieri** mit der Kirche **Santo Stefano d. C.** (1565–1569), dem **Palazzo dei Cavalieri** (ehemals degli Anziani) und dem **Palazzo dell'Orologio**. Er verbindet zwei Turmhäuser, das Staatsgefängnis und den Hungerturm. Der Spaziergang endet auf der **Piazza Cavalotti** mit dem ältesten Botanischen Garten der Welt; er wurde 1543 von dem Arzt Luca Ghini gegründet. Dauer: 2–3 Std.

### ÜBERNACHTEN
#### Il Giardino di Alice (Villa d'Epoca)
▸ S. 69, östl. c 4

**Idyllisch** • In dem familiär geführten B & B wohnt man in farblich unterschiedlich und sehr geschmackvoll gestalteten Zimmern namens Jasmin, Lavendel, Orchidee, Mimose, Kamille, Magnolie und Glyzinie. Cinzia Venturini bietet ihren Gästen neben harmonischem Komfort ein vorzügliches und reichhaltiges Frühstück (auch mit biologischen Produkten), mit dem man im Garten oder unter einer Pergola den Tag beginnt. 20 Min. Fußweg zum Campo dei Miracoli. Via Cisanello, 55/57 • Tel. 0 50 54 27 69 • www.ilgiardinodialice.pisa.it • 7 Zimmer • €

### ESSEN UND TRINKEN
#### L'Antica Trattoria Da Bruno
▸ S. 69, b 1

**Der Tradition verbunden** • Seit nunmehr 40 Jahren pflegen Piero Cei und seine Frau Graziella in ihrem charakteristischen historischen Lokal nur gutbürgerliche Gerichte auf den Tisch zu bringen. Sehr empfehlenswert die Suppen und »baccalà con i porri«. Via Luigi Bianchi, 12, Porta a Lucca • Tel. 0 50 56 08 18 • Mo abends und Di geschl. • €

#### Osteria Porton Rosso ▸ S. 69, b 2

**Fischspezialitäten** • Fisch, interessante Fleisch- und Gemüsegerichte werden neben selbst gemachter Pasta und vorzüglichen Desserts im Sommer auch im »giardinetto« eines alten Palastes serviert. Via del Porton Posso, 11 • Tel. 0 50 58 05 66 • So geschl. • €

#### Bar Pasticceria Salza ▸ S. 69, b 2

**Urgemütlich** • Unter den Arkaden sitzen und das »süße Leben« genießen: verführerisch all die Torten und Törtchen, interessant die vorbeispazierenden Menschen. Der Schreck war groß, als im August 2006 der alteingesessene Familienbetrieb veräußert wurde. Doch die neuen Besitzer blieben dem Namen Salza treu und haben bislang weder Urlauber noch Pisaner enttäuscht. Borgo Stretto, 44–46 • Tel. 0 50 58 01 44 • www.salza.it • Mo geschl.

### SERVICE
#### AUSKUNFT
**APT Pisa** ▸ S. 69, b/c 4
Via Matteucci, Galleria Gerace, 14 • Tel. 0 50 92 97 77 • www.pisaunicaterra.it

#### Uffici di informazione e assistenza turistica APT
– Piazza del Duomo •
Tel. 05 04 22 91 ▸ S. 69, a 1
– Piazza Vittorio Emanuele II •
Tel. 05 04 22 91 ▸ S. 69, b 4
– Aeroporto »Galileo Galilei« •
Tel. 0 50 50 25 18 ▸ S. 69, südl. c 4

Bolgheris (▶ S. 73) Zypressenallee, angeblich die längste der ganzen Toskana, präsentiert sich nicht weniger eindrucksvoll als seine großen Weine.

## Ziele in der Umgebung
◎ **Basilica San Piero a Grado**
▶ S. 144, C 9

Die großartige, bereits im 6. Jh. gegründete romanisch-pisanische Basilika erhebt sich 8 km südwestlich von Pisa. Im Innern der dreischiffigen Kirche mit drei Apsiden im Osten und einer im Westen ist ein restaurierter Freskenzyklus (13./14. Jh.) mit Szenen aus Petrus' Leben und Papstportraits zu bewundern. Der Campanile, 1944 zerstört, wurde nur als kleiner Stumpf wieder aufgebaut.

San Piero a Grado • tgl. 9–18 Uhr • Eintritt frei
8 km südwestl. von Pisa

◎ **Bolgheri**    ▶ S. 145, E 11
**1300 Einwohner**
Eine sich von der Via Aurelia ins Land hineinziehende Zypressenallee, von der man sagt, sie sei die längste und schönste der gesamten Toskana und so schnurgerade, wie sie Giosue Carducci (1835–1907) in der Ode »Davanti San Guido« beschrieben hat, führt nach Bolgheri. Ein Ort, der

Das elegante Castiglioncello südlich von Livorno (▶ S. 74) mit seinen bunten Strand-kabinen und einem schönen Pinienwald ist ein beliebter Badeort der Toskaner.

vor allem seinen Bekanntheitsgrad durch die Weingüter **Tenuta dell' Ornellaia** und **Tenuta San Guido** aufgewertet hat. Drei der besten Rot-weine lagern hier in Fässern und Fla-schen: der Ornellaia, der Sassicaia und jetzt auch der neue Biserno.
75 km südöstl. von Pisa

◎ **Calci**                    ▶ S. 145, D 9
6270 Einwohner
Diese hübsche Ortschaft im Valgra-ziosa, einem wegen seines hervor-ragenden Olivenöls bekannten Tal, erstreckt sich am Fuß des Monte Pi-sano. Auch die pisanisch-romanische

Pfarrkirche **Pieve di San Ermolao** (11./12. Jh.) im Zentrum macht ei-nen Ausflug dorthin lohnenswert.
12 km östl. von Pisa

**SEHENSWERTES**
**Certosa di Pisa o di Calci**
▶ S. 145, D 9
2 km von Calci liegt im »lieblichen Tal« das 1366 gegründete Kartäuser-kloster, das noch bis 1972 Mönche beherbergte. Heute ist es Sitz der Behörde für Umwelt, Architektur, Kunst- und Geschichtsgüter von Pi-sa. Werke aus der Schule Giambolo-gnas schmücken Kloster und Kirche.
Via Roma • Tel. 0 50 93 84 30 • Di–Sa 8.30–18.30, So, feiertags 8.30–12.30 Uhr • Eintritt 4 €, erm. 2 €

◎ **Livorno**                 ▶ S. 144, C 10
170 000 Einwohner
Nach Florenz die zweitgrößte Stadt der Toskana, mit bedeutendem Hafen

und Hauptstadt der gleichnamigen Provinz. Von hier aus starten Fähren nach Sardinien, Sizilien und zu den Inseln des toskanischen Archipels.

Die eigentliche Gründung Livornos erfolgte Mitte des 16. Jh. durch Cosimo de' Medici, nachdem Florenz das Dorf bereits 1421 erworben hatte. Sechs Jahre nach dem Hafenausbau begannen die Arbeiten an der Stadterweiterung nach Bernardo Buontalentis Entwurf der »idealen Stadt« in Form eines Fünfecks mit regelmäßigen Häuserzeilen. Wegen des 1593 festgelegten Grundsatzes, dass in Livorno jeder Zuwanderer freies Aufenthaltsrecht besitzt, hat sich bis zum heutigen Tag eine lebendige, kosmopolitische Atmosphäre erhalten.

Trotz der heftigen Bombardierungen im Zweiten Weltkrieg ist Buontalentis Stadtanlage mit der Piazza Grande als deren Mittelpunkt (mit neu errichtetem Dom) noch gut nachvollziehbar. Jenseits des **Fosso Reale** (Festungsgraben) erheben sich die **Fortezza Nuova** (1590) und das malerische Viertel **Venezia Nuova**, ein von venezianischen Handwerkern angelegtes Netz von Kanälen, Brückchen, kleinen Gassen und der Kirche Santa Caterina. Von hier gelangt man zu der von Antonio da Sangallo d. J. entworfenen **Fortezza Vecchia** (1521–1534) mit dem mittelalterlichen zylindrischen Hauptturm der Gräfin Mathilde.

Zu einem schönen Spaziergang am Meer, vorbei an Badeanstalten, Villen und Palästen, lädt die Viale Italia ein, über die man das **Aquarium** an der Terrazza Mascagni erreicht.

Zu den hübschen Badeorten zählt das südlich von Livorno gelegene **Castiglioncello** mit kleinen Buchten.

25 km südl. von Pisa

## MUSEEN
### Museo Giovanni Fattori

Hier sind einige Arbeiten des bekannten Vertreters der »Farbkleckserei« (»Macchiaioli«), Giovanni Fattori (1825–1908), und des ebenfalls in Livorno geborenen und für seine Frauenporträts bekannten Amedeo Modigliani (1884–1920) zu sehen. Villa Mibelli, Via San Jacopo in Acquaviva, 65 • Di–So 10–13, 16–19 Uhr • Eintritt 4 €

## ESSEN UND TRINKEN
### Trattoria Il Sottomarino

Nach einem Spaziergang sollten Sie unbedingt Livornos Spezialität probieren: »cacciucco«, die üppige Fischsuppe, natürlich mit einem Roten! Via Terrazzini, 48 • Tel. 05 86 88 70 25 • Mo, Di geschl. • €

## SERVICE
### AUSKUNFT
**APT Costa degli Etruschi**
www.costadeglietruschi.it
– Piazza Cavour, 6 • Tel. 05 86 20 46 11
– Stazione Marittima, Tel. 05 86 89 53 20 (nur im Sommer)

### ◎ Parco Naturale di Migliarino San Rossore Massaciuccoli
▶ S. 144, C 9

Dieser ca. 24 000 ha große Naturpark dehnt sich zwischen den Flussmündungen von Arno und Secchio aus. Ein ebenes Gelände, schöne Alleen, Pferderennbahn, Schirmpinien, Sommereichenwälder und viele seltene Pflanzen zeichnen neben den diversen Landgütern dieses Gebiet aus. Centro Visite di S. R. • Loc. Cascine Vecchie • Tel. 0 50 53 01 01 • www.sanrossore.it • Sa, So, feiertags 8–17/19 Uhr

1 km westl. von Pisa

### ◎ San Miniato ► S. 145, F 9

26 353 Einwohner

Die Stadt thront auf drei Hügeln, hatte eine bewegte Geschichte und ist heute bekannt für seine weißen Trüffel, die im Herbst Leben in das sonst so ruhige Städtchen bringen. Auf einer Trüffelreise sollte dieser Höhepunkt nicht fehlen: **Mostra Mercato Nazionale del Tartufo Bianco** (Ende Okt./Nov.).

Auf Plätzen und Straßen des historischen Zentrums erfährt man kleine und große Geschichten rund um die wundersame Knolle. Hier lernt man Familien kennen, die sich mit der Trüffelsuche beschäftigen und auch, wer ihnen dabei mit der Nase hilft. Wem das Riechen nicht reicht, der kann den »tartufo bianco pregiato« verkösten und käuflich erwerben.

Ein schöner Abschluss kann die Fahrt von San Miniato abwärts sein, wenn man im Restaurant **Il Convio** für ein wunderbares Trüffelmahl anhält (Via San Maiano, 2; Tel. 0571 40 81 14; Mi geschl. €).

50 km östl. von Pisa

## Lucca ► S. 141, D 4

83 300 Einwohner
Stadtplan ► S. 77

Diese nach Meinung vieler Reisender reizvollste Stadt der Toskana liegt in einer fruchtbaren Ebene, umgeben von nahen Hügeln und Bergen. In vorrömischer Zeit war Lucca eine Siedlung im Sumpfgebiet. Das etruskische Wort »luc« bedeutet Sumpf.

Nur durch eines der sieben Tore der Stadtmauer gelangt man in das gerade einmal 2 qkm große historische Zentrum. Lucca hat sich aus einem römischen Castrum mit der heutigen **Piazza San Michele** als Forum heraus entwickelt.

Den Besucher erwarten schön geschmückte romanische Kirchen und elegante Patrizierhäuser der vom Brokat-, Samt- und Damasthandel reich gewordenen Lucceser Familien. Das Wirtschaftsleben dieser Provinzstadt spielt sich vor ihren Toren ab. Hier werden nach wie vor Textilien hergestellt, Speiseöle produziert sowie landwirtschaftliche Erzeugnisse umgeschlagen. Als Geburtsstadt Giacomo Puccinis ist Lucca auch durch seine Musikfestivals bekannt.

### SEHENSWERTES

### Duomo San Martino ► S. 77, c 3

Eine dem hl. Regulus geweihte Kirche (12. und 14. Jh.), deren Fassade an den Dom von Pisa erinnert. Der wehrhafte Campanile steht kontrastreich zur Leichtigkeit der Säulenarkaden. Der Dom bewahrt neben dem hoch verehrten Kruzifix des **Volto Santo** auch das Grabmal der Ilaria del Carretto (1408) von Jacopo della Quercia. Piazza San Martino • Sakristei: Mo–Fr 9.30–17.45, Sa bis 18.45, So 9.30–10.45, 12–17 Uhr (Sommer), Mo–Fr 9.30–16.45, Sa bis 18.45, So 9.30–10.45, 12–17 Uhr (Winter), Ostern: So im Intervall bis 18 Uhr • Eintritt 2 €

### Palazzo Pretorio ► S. 77, b 2

Der Palast mit der Uhr aus dem 17. Jh. in der Fassadenmitte war einstmals Sitz des »podestà«, des Stadtoberhaupts. In dem 1492 bis 1588 von Angehörigen der Lucceser Bildhauerfamilie Civitali erbauten Palast tagt heute das Gericht der Stadt.

### Basilica di San Frediano

► S. 77, b 1

An der 1147 geweihten Kirche mit dem großen »Himmelfahrt-Mosaik«

an der Fassade wurde bis ins 16. Jh. gebaut. Das Innere birgt einen Marmoraltar von Jacopo della Quercia (1422), ein romanisches Taufbecken und Terrakottaarbeiten von Andrea della Robbia. Die sterblichen Überreste der hl. Zita, der Schutzpatronin Luccas, werden in der Fatinelli-Kapelle aufbewahrt.

Piazza San Frediano • Mo–Sa 8.30–12, 15–17.30, So, feiertags 9–11.30, 15–17.30 Uhr

### San Giusto ▸ S. 77, b 3

Die Ende des 12. Jh. begonnene Kirche besitzt eine der ausgewogensten Fassaden in Lucca. Das Mittelportal (Anfang 13. Jh.) schmücken antiki-

sierende Ornamente und Löwenfiguren. Über den kleineren Seitenportalen liegen auf den hohen Kämpfern leicht gestelzte pisanische Rundbögen. Der Innenraum ist leider nicht zu besichtigen.
Via Cenami

### San Michele in Foro ▶ S. 77, b 2

Im 12. Jh. errichteten die Bürger Luccas dort, wo sich einst das römische Forum befand, die Michaelskirche. Wie in Pisa laufen Blendarkaturen und Zwerchgalerien um die gesamte Kirche. Als Zugabe des 19. Jh. tragen einige Säulen statt der Köpfe von Fabelwesen die von Napoleon III., Papst Pius IX. und Garibaldi. Im rechten Querschiff befindet sich eine Altartafel von Filippino Lippi (spätes 15. Jh.).
Piazza San Michele • 7.40–12, 15–18, Winter 9–12, 15–17 Uhr

### MUSEEN

### Casa Natale di Giacomo Puccini e Fondazione G. Puccini ▶ S. 77, b 2

Seit 1979 sind hier Möbel, Briefe und Erinnerungsstücke des berühmten Komponisten des Fin de Siècle, der 1858 hier geboren wurde, ausgestellt.
Corte San Lorenzo, 9/Via di Poggio • Tel. 05 83 58 40 28 • Juni–Sept. tgl. 10–18, Okt.–Mai Di–So 10–13, 15–18 Uhr • Eintritt 3 €

### Pinacoteca Nazionale di Palazzo Mansi ▶ S. 77, a 2

Dieser äußerlich schlichte, im Innern umso prunkvollere Stadtpalast der Familie Mansi aus dem 17. und 18. Jh. beherbergt eine stattliche Gemäldesammlung. Italienische und niederländische Meister des 16. bis 18. Jh. (Tintoretto, Veronese, Pontormo) sind ebenso vertreten wie eine Abteilung mit Werken Lucchesser Maler des 19. Jh. Daneben Beispiele der Textilproduktion vom 16. bis zum 19. Jh.
Via Galli Tassi, 43 • Di–Sa 8.30/9–19/19.30, So, feiertags 8.30–13/13.30 Uhr • Eintritt 4 €

### Museo Nazionale di Villa Guinigi ▶ S. 77, d 2

In der 1418 für Paolo Guinigi erbauten Villa sind etruskische und römische Funde sowie Skulpturen und Gemälde lucchesischer und toskanischer Künstler (13.–17. Jh.) zu sehen.
Via della Quarquonia • Di–Sa 8.30/9–19/19.30, So, feiertags 8.30–13/13.30 Uhr • Eintritt 4 €, mit Palazzo Mansi 6,50 €

---

**MERIAN-Tipp**  **9**

### RISTORANTE LA MORA ▶ S. 141, D 4

Liebhaber der traditionellen ländlichen Küche der Garfagnana und Lucchesia werden im eleganten Ambiente der ehemaligen Poststation verwöhnt. Die Köche zaubern köstliche Gerichte wie »garmugia lucchese« (eine kräftige Suppe), »zuppa alla frantoiana«, »matuffi« (Polenta mit Tomaten oder Fleischsoße), »tacconi alla lucchese« (Lucchesser Nudelflecken) oder »cialdone garfagnino« (Gebäck aus der Garfagnana). Sehr freundlich ist der Service, und Chef Sauro Brunicardi steht mit professionellem Rat zur Seite. Besonders eindrucksvoll: die »cantina« mit toskanischen Spitzenweinen.
Ponte a Moriano/Lucca, Via Sesto di Moriano, 1748 • Tel. 05 83 40 64 02 • www.ristorantelamora.it • Mi geschl. • €/€€

Britisches Flair und eine feine italienische Gourmetküche kennzeichnen das Ristorante Gazebo, das der lauschigen Locanda L'Elisa bei Lucca (▶ S. 80) angeschlossen ist.

## SPAZIERGANG

Stadtplan ▶ S. 77

Beginnen Sie den Spaziergang in dem großen »Bauch«, der heutigen **Piazza Anfiteatro**, die ihr eindrucksvolles Rund ihrem Ursprung als römisches Amphitheater verdankt. Sie verlassen sie über den südlichen Durchgang und gelangen über die **Piazza del Carmine** und die **Piazza Giudiccioni** zur Via Fillungo. Ein Stück weiter steht seit 1490 die **Torre delle Ore**, der »Stundenturm«, dessen Originalholztreppe mit 207 Stufen zu besteigen ist. Ihm gegenüber beginnt der Chiasso Barletti, eine typisch mittelalterliche Gasse Luccas. Bevor Sie weiter unten rechts in die Via Roma einbiegen, kommen Sie an der Kirche **San Cristoforo** vorbei. Hier hielten die Tuchhändler und Weber ihre Zunftversammlungen ab. An sie erinnert neben dem Portal eine eiserne Querstange, die das Maß für die Luccheser Weber angab. Die Via Roma führt auf die Piazza San Michele, das Zentrum Luccas, mit der Kirche **San Michele in Foro** (13./14. Jh.) und dem **Palazzo Pretorio** (16. Jh.) an der Ecke zur Via Vittorio Veneto. Von hier führt der Weg durch die Via di Poggio vorbei am Haus Giacomo Puccinis (Nr. 32) und über kleine Marktplätze durch die Via San Paolino bis zur **Stadtmauer**. Hier findet der Streifzug einen schönen Abschluss mit der »passegiata delle mura«, einem Spaziergang auf dem 4 km langen, 30 m breiten und 12 m hohen Festungsring mit seinen schattigen Alleen und dem fantastischen Panoramablick. Ein würdiger Abschluss ist die **Caffetteria San Colombano** (▶ S. 81) am Baluardo. Hier kann man sich bei allerlei Köstlichkeiten wunderbar von dem Stadtbummel ausruhen.

Dauer: ca. 3–4 Std.

Eine bekannte Kulturinstitution in Lucca mit Tradition: Im Antico Caffè di Simo (▶ S. 81) in der Via Fillungo verkehrte bereits der Fin-de-Siècle-Komponist Giacomo Puccini.

### ÜBERNACHTEN

**Locanda L'Elisa**   ▶ S. 77, südl. b 3

**Luxuriös und »very British«** • Intimes Hotel mit elegantem Ambiente. Die antik möblierten Zimmer und Suiten wurden in luxuriöser Country-Atmosphäre gestaltet. Salons mit Bar und Bibliothek, das Feinschmeckerrestaurant **Gazebo** und der wunderschöne Garten mit Swimmingpool zerstreuen Heimreisegedanken. Massa Pisana/Lucca, Via Nouva per Pisa, 1952 • Tel. 05 83 37 97 37 • www.locandalelisa.it • Hotel im Jan., Restaurant So geschl. • 10 Zimmer, 6 Suiten • Hotel €€€€, Restaurant €€

### Convento di San Cerbone

**Nächtigen im Kloster** • Ruhe und Entspannung findet man im ehemaligen, auf einem Hügel gelegenen, sehr ruhigen Franziskanerkonvent. Seit 1952 lebt an diesem Ort der Stille die Glaubensgemeinschaft der Suore Figlie di San Francesco di Sales. Massa Pisana, Via Fornace • Tel. 05 83 37 90 27 • www.suoredisancerbone.it • 40 Zimmer • €€

### Da Carlino ▶ S. 141, D 1

**Einfaches Berghotel** • Ein idealer Ort für ruhige Ferientage mit einer köstlichen Luccheser Verpflegung in der Garfagnana. Die ausgezeichneten »Forio«-Forellen, eine Spezialität des Hauses, locken viele Urlauber in diese ländliche Idylle. Die Zimmer sind einfach ausgestattet, das Lokal (Mo geschl.) hat den Charme eines typischen Landgasthofs, das Frühstück ist üppig und inklusive.
Castelnuovo di Garfagnana, Via Garibaldi, 15 • Tel. 05 83 64 42 70 • www.dacarlino.it • 26 Zimmer • ♿ • €
46 km nördl. von Lucca

### La Luna ▶ S. 77, b/c 2

**Komfortabel** • Zentral gelegenes, ruhiges Hotel. Man kann eine Garage mieten, das Frühstück ist inklusive.
Via Fillungo, Corte Compagni, 12 • Tel. 05 83 49 00 21 • www.hotellaluna.com • 29 Zimmer • ♿ • €

#### ESSEN UND TRINKEN

### Antico Caffè di Simo ▶ S. 77, b 2

**Kulturcafé** • Im ehemaligen Lieblingscafé des Komponisten Giacomo Puccini werden ständig neue und abwechslungsreiche Menüs mit einem kurzweiligen Kulturprogramm geboten. Gemütlich und ruhig ist der kleine Garten, eine Enoteca soll entstehen, und zur wärmeren Jahreszeit gibt es gutes »gelato«.
Via Fillungo, 58 • Tel. 05 83 49 62 34 • €

### Buca di Sant'Antonio ▶ S. 77, b 2

**Historisches Ambiente** • Die einstige Postkutschenstation ist nun ein gutes Spezialitätenrestaurant.
Via della Cervia, 3 • Tel. 05 83 55 88 1 • www.bucadisantantonio.com • So abends, Mo geschl. • €

### Enoteca Vanni ▶ S. 77, b 2

**Große Auswahl** • Sehr groß ist das Sortiment an Luccheser Weinen und vielen Sprituosen.
Piazza San Salvatore, 7 • Tel. 05 83 49 19 02 • www.enotecavanni.com

### Da Giulio ▶ S. 77, a 2

**Luccheser Spezialitäten** • Paolo und Emilietta bekochen in ihrem modernisierten Lokal mittags und abends die Gäste mit empfehlenswerten Luccheser Spezialitäten. Dazu werden offene Hausweine und edle Tropfen von den Colli Lucchesi gereicht.
Via delle Conce, 47 • Tel. 0 58 35 59 48 • So geschl. • €

### Il Mecenate ▶ S. 141, D 4

**Traditionsverbunden** • Manchmal begibt sich Maria Soledade auf gastronomische Reisen, doch meistens kocht sie rigoros traditionell. Es gibt immer selbst gemachte Nudeln und herrliches Brot. Sommerlich leicht ist die marinierte Zunge oder das gesalzene Fleisch mit warmem Rosmarinbrot, das im Innenhof serviert wird. Zu empfehlen ist auch das »maialino di latte al forno«. Darüber hinaus gute Luccheser Hausweine.
Gattaiola, Via della Chiesa, 707 • Tel. 05 83 51 21 67 • www.ristorantemecenate.it • Mo geschl. • €
2 km südl. von Lucca

### Ristorante Caffetteria San Colombano ▶ S. 77, c 3

**Prächtige Kulisse** • Im gepflegten modernen und großzügig angelegten Ambiente der alten Stadtbefestigung Luccas bietet der Küchenchef heimische Spezialitäten, begleitet von eigenen Kreationen. Die »passeggiata delle mura« unterbricht man gern, um hier bei einem Snack oder Caffè

mit Gebäck in der Bar (8.30–1 Uhr nachts) zu verweilen.
Baluardo San Colombano, 10 • Tel. 05 83 46 46 41 • www.caffetteriasan colombano.it • Mi geschl. • €

### EINKAUFEN

**Cereali Prospero** ► S. 77, b 2

Selbst gebackene Kastanienkuchen und -nudeln schmecken besonders gut. Hier kann man u. a. das weit und breit beste Mehl dazu erwerben.
Via Santa Lucia, 13, hinter der Kirche San Michele

**Mercato Antiquario** ► S. 77, c 3

An jedem dritten Wochenende im Monat kann man in den Straßen rund um den Dom nach Antiquarischem Ausschau halten.
Sa 7–19, So 9–19 Uhr

**Pasticceria Taddeucci** ► S. 77, b 2

Neben vielen Leckereien gibt es in dieser Konditorei »pan buccellato«, einen Hefekranz mit kandierten Früchten und Rosinen.
Piazza San Michele, 34 • www. taddeucci.it • Do geschl.

### AM ABEND

**Teatro Comunale del Giglio**
► S. 77, b 3

Schauspiel-, Opern-, Konzert- und Ballettaufführungen.
Piazza del Giglio, 13/15 • Tel. 05 83 46 75 21 • www.teatrodelgiglio.it • Kartenvorverkauf: Mi, Do 10.30–13, Fr, Sa auch 15.30–18.30 Uhr

### SERVICE

#### AUSKUNFT
**APT Lucca** ► S. 77, a 2
Piazza Guidiccioni • Tel. 0 58 39 19 91 • www.luccaturismo.it • Mo–Sa 9–13 Uhr

**Uffici Informazioni e Accoglienza Turistica – Ufficio Regionale**
► S. 77, c 1
Piazza Santa Maria, 35 • Tel. 05 83 91 99 31 • im Sommer tgl. 9–20, im Winter Mo–Sa 9–12/12.30, 15–18/ 18.30 Uhr • www.luccaturismo.it

**Uffici informazioni del Comune**
www.consorzioitinera.com
– Check Point (für Touristenbusse) • Viale Luporini • Tel. 05 83 58 34 62 • April–Sept. 9–17 Uhr
► S. 77, westl. a 3
– Piazzale Verdi • Tel. 05 83 44 29 44
► S. 77, c 2
– Piazza Curtatone • Tel. 05 83 49 57 30
► S. 77, südl. c 3
– Ufficio Informagiovane •
Piazza del Giglio, 17, Tel. 05 83 44 23 19 • Mo–Sa 10–13, 16–19 Uhr
► S. 77, b 3

### STADTFÜHRUNGEN
**MyGuide**
Mit dem persönlichen Audio-Führer kann man nach Belieben auf eigene Faust eine Entdeckungsreise durch die Stadt unternehmen. Er ist im Büro der Tourist-Information erhältlich, dort erfährt man auch alle Details.
Piazzale Verdi

### ÖFFENTLICHE VERKEHRSMITTEL
**Vaibus**
www.vaibus.it
– Piazzale Verdi •
Tel. 05 83 58 78 97 ► S. 77, a 2
– Piazza Cavour •
Tel. 05 83 46 69 63 ► S. 77, a 2

### FAHRRADVERLEIH
(»NOLEGGIO BICICLETTE«)
**Comune di Lucca** ► S. 77, a 2
Piazzale Verdi • Info: Ufficio informazioni • Tel. 05 83 58 31 50

Carrara, die Stadt des Marmors (▶ S. 84), wo einst Michelangelo den Block für seine David-Skulptur aussuchte, exportiert heute den begehrten hellen Stein in alle Welt.

## Ziele in der Umgebung
### ◎ Bagni di Lucca    ▶ S. 141, D 4
6544 Einwohner

Nördlich von Lucca die SS 12 rechts am Serchio entlang führt die Straße bei Borgo a Mozzano an einer der ältesten Brücken Italiens, **Ponte del Diavolo** (»Teufelsbrücke«, 11. Jh.) genannt, vorbei zu diesem alten Bade- und Kurort. Beliebt war er seit dem 18. Jh. bei englischen Großbürgern und Künstlern wie Lord Byron und Percy Shelley. Auch Heinrich Heine schrieb über »Die Bäder von Lucca«. 28 km nördl. von Lucca

### ◎ Barga    ▶ S. 141, D 3
11 000 Einwohner

Treppenartig angelegte Gassen (»carraie«), herrliche Ausblicke von der Piazzale Arringo auf die Apuanischen Alpen und der am höchsten Punkt gelegene romanische Dom **San Cristofano** machen den reizvollsten Ort der Garfagnana aus. Barga ist der Hauptort des mittleren Serchio-Tals und war im Mittelalter ein Zentrum der Seidenproduktion. Im ehemaligen Wohnhaus des Dichters Giovanni Pascoli ist ein Museum eingerichtet. 40 km nördl. von Lucca

### ◎ Carrara   ▸ S. 140, B 3

67 000 Einwohner

Carrara ist seit 2000 Jahren die Stadt des Marmors, seit Ende der römischen Republik wird der sehr helle Stein dort abgebaut. Auch der berühmteste aller Bildhauer, Michelangelo, kam mehrmals hierher, um sich den jeweils passenden Block auszusuchen. Und wer sich auf den Weg macht und die Marmorsteinbrüche von Collonata oder Ravaccione besichtigt, merkt rasch, wie anstrengend es ist, sein Auskommen an einem dieser Orte zu verdienen.

60 km nordwestl. von Lucca

#### MUSEEN
#### Museo Civico del Marmo

Das Museum erzählt die Geschichte des begehrten weißen Marmors.

Viale XX Settembre, 85 • Mo–Sa Mai–Sept. 9.30–13, 15.30–18, Okt.–April 9–12.30, 14.30–17 Uhr • Eintritt 4,50 €

### ◎ Castelnuovo   ▸ S. 141, D 3

6100 Einwohner

Unter dem Schutz der Herzogsfamilie d'Este von Ferrara entwickelte sich das Kastell zu einem Handelszentrum für die umliegenden Dörfer. Im Dom (1504) erinnert die **Pala San Giuseppe**, ein ungewöhnliches Altarretabel aus glasierter Terrakotta, an die Werke der Della Robbia.

48 km nördl. von Lucca

### ◎ Collodi   ▸ S. 141, E 4

2010 Einwohner

Große Attraktion neben dem **Parco di Pinocchio** 👫 (▸ Familientipps, S. 33) ist die barocke **Villa Garzoni** (1633–1662) mit terrassenförmig angelegtem Garten, Wasserspielen, Statuen und Theater. Carlo Collodi, der Urheber der berühmten langnasigen Holzpuppe, verbrachte in Collodi einen Großteil seiner Jugend.

17 km nordwestl. von Lucca

Kilometerlange breite und feinsandige Strände sind typisch für die Riviera della Versilia bei Viareggio (▸ S. 85). Dahinter erhebt sich die Bergwelt der Apuanischen Alpen.

◎ **Forte dei Marmi**   ▶ S. 140, C 4

8500 Einwohner

Hier lag einst der Hafen für die Verschiffung des Marmors. Die Festung, die Pietro Leopoldo I. im Jahr 1788 anlegen ließ, nimmt heute den zentralen Platz ein. Auch »Königin der Versilia« genannt, hat sich der Ort rasch zu einem der elegantesten Seebäder entwickelt. Ein 4 km langer Strand und eine 300 m lange Mole ziehen viele Familien mit Kindern an. Luxuriöse Villen und weniger die großen Hotels prägen das Stadtbild.

38 km nordwestl. von Lucca

◎ **Garfagnana**   ▶ S. 140, C 3

Die Fahrt in diese von Touristen kaum aufgesuchte, wilde und schöne Berglandschaft führt entlang des Serchio. Von Lucca kommend, verlässt man die SS 12 über die Brücke bei Ponte a Serraglio Richtung Barga. Sehenswert ist die in der Nähe von Fornovolasco zu Füßen der Pania della Croce (1856 m) liegende **Grotta del Vento**, die größte Tropfsteinhöhle der Toskana (April–Nov. tgl. von 10–18 Uhr stündlicher Rundgang; ansonsten werden auch die zwei- und dreistündlichen von 11–17 bzw. 10–14 Uhr angeboten). Die Innentemperatur beträgt überall 10,7 °C.

Gruppen mit Voranmeldung: Tel. 05 83 72 20 24 • www.grottadelvento.com, E-Mail: info@grottadelvento.com

30 km nördl. von Lucca

◎ **Montecarlo**   ▶ S. 141, E 4

4450 Einwohner

1333 vom späteren Kaiser Karl IV. gegründet, liegt Montecarlo auf einem Hügel in der Ebene von Lucca. Höhepunkte sind alljährlich die »Festa del vino novello e dell'olio nuovo« am zweiten Wochenende im November und »Montecarlo in festa« (9 Tage Anf. Sept.). Sehenswert das **Teatro Comunale** aus dem Jahr 1796 sowie die große Festung (14. Jh.).

16 km östl. von Lucca

◎ **Riviera della Versilia** ✿
   ▶ S. 140, A 3–C 4

Viele Urlauber tummeln sich an den weiten weißen, feinsandigen Stränden in **Forte dei Marmi**, das sich einst mit so großen Namen wie Thomas Mann, Rainer Maria Rilke oder Henry Moore schmückte. **Marina di Pietrasanta** und **Lido di Camaiore** zählen zu den »einfacheren« Badeorten der nördlichen Toskana.

**Viareggio**, mit 60 000 Einwohnern das größte unter den Seebädern, ist bekannt durch seinen weltberühmten Karneval, an dem fantastische Umzüge mit Triumphwagen aus Pappmaschee das Stadtbild prägen. Neben dem »Premio Viareggio« im August, einem der wichtigsten italienischen Literaturpreise, oder dem Festival »EuropaCinema«, das 2008 einen deutschen Film auszeichnete, sowie der sommerlichen Segelregatta bietet die Opernsaison im Juli und August beachtliche Programme.

Bei guter Sicht macht es Spaß, von Pietrasanta aus zu den 6,5 km entfernten kleinen Bergdörfchen **Capezzano** auf 343 m und **Capriglia** auf 356 m hinaufzufahren.

Der Stadtteil **Torre del Lago** ist verbunden mit dem Namen des Komponisten Giacomo Puccini, der hier bis 1921 lebte. Die **Villa Puccini** ist heute ein Privatmuseum, das Mo und im Nov. geschlossen bleibt (Auskunft über die genauen Öffnungszeiten: Tel. 05 48 34 14 45; www.giacomopuccini.it; Eintritt 7 €).

15 bis 40 km nordwestl. von Lucca

## ◎ Villen der Lucchesia

▶ S. 141, D/E 4

Reiche Luccheser Familien legten besonderen Wert auf ein luxuriöses Leben fern der Stadt. Davon zeugen annähernd 300 Villen. Da viele in Privatbesitz und nicht mehr zu besichtigen sind, seien hier nur die drei eindrucksvollsten erwähnt.

Die Villa Mansi (▶ S. 86), ein Architekturjuwel mit einer herrlichen Parkanlage.

### Villa Mansi ▶ S. 141, E 4

Der Bau der Villa erfolgte im Zeitraum des 16. bis Mitte des 18. Jh. Ihren Namen verdankt sie der Seidenhändlerfamilie Mansi, die sie im 18. Jh. erwarb und eine neue Fassade in Auftrag gab. Der italienische Garten bekam später durch die Umgestaltung ein »englisches« Gesicht. Die mythologischen Szenen im großen Salon malte zwischen 1784 und 1792 Stefano Tofanelli.

Segromigno in Monte • Tel. 05 83 92 02 34 • Nov.–März 10–13, 15–17, April–Okt. 10–13, 15–18 Uhr • Eintritt (Park und Villa) 8 € • 12 km nordöstl. von Lucca

### Villa Reale di Marlia ▶ S. 141, E 4

Die Villa Reale zählt zu den touristischen Hauptattraktionen der Toskana. Anfang des 19. Jh erwarb Napoleons Schwester, Prinzessin Elisa Baciocchi, die Villa und den ehemaligen Sommersitz der Bischöfe von Lucca. Sie veränderte den Bau in eine großartige Residenz mit einer zauberhaften Parklandschaft. Später fiel das Anwesen an Viktor Emanuel II., den neuen König Italiens, daher der Name »reale«, königliche Villa. Der sehenswerte Park des Guts, heute im Besitz der Familie Pecci Blunt, kann besichtigt werden.
Marlia • Tel. 05 83 33 01 08 • März– Nov. Di–So Führungen 10, 11, 12, 15, 16, 17, 18 Uhr • Eintritt 7 € 10 km nördl. von Lucca

### Villa Torrigiani di Camigliano

▶ S. 141, D 4

Die Villa Torrigiano wurde samt Park im 16. Jh. erbaut. Sie ist reich an Statuen, Ballustraden und Loggien und diente der einflussreichen Familie Buonvisi als Sommerresidenz, bevor Nicolao Santini 1636 das Anwesen erwarb. Die Villa und der in großen Teilen in einen englischen Garten umgestaltete wundervolle Park sind für die Öffentlichkeit zugänglich, im Sommer ist der erste Stock bewohnt.
Piaggiori, Via Gomberaio, 3 • Tel. 05 83 92 80 41 • 1. So im März–1. So im Nov. 10–13, 14.30–18.30 Uhr, 2. So im Nov.–Feb. nur nach Voranmeldung • Eintritt 7 €, Park und Villa 10 € 10 km östl. von Lucca

## Arezzo und der Osten
Hier regieren die große Kunst von Piero della Francesca und die zauberhafte Stille der Klöster. Im Kernland der Etrusker kann man noch durch verwunschene Gassen alter Städtchen spazieren.

◄ Arezzo (► S. 89) am Fuße des Gebirgs-
zugs der Apenninen ist ein Juwel der
mittelalterlichen Architektur.

Es ist die Landschaft eines der begna-
detsten Künstler der Frührenaissance: Piero della Francesca. Auf
Schritt und Tritt begleitet die Reisenden seine großartige Malerei. So ist
es in **Sansepolcro** das geheimnisvol-
le Fresko der »Auferstehung« und in
**Monterchi** das grandiose Bild der
»Schwangeren Madonna«. Und es ist
die Landschaft des Franz von Assisi,
dem ein Graf hier im Gebiet zwischen Tiber und Arno eine einzigartige Erhebung im Kalkgebirge des
**Casentino** schenkte und der dort
mit einer kleinen Schar von Mitbrü-
dern lebte. In dieser Waldeinsamkeit
liegt heute das Kloster **La Verna**.
Piero della Francesca begegnet uns
auch in der Antiquitätenstadt **Arezzo**,
in die einst Dante vor den Guelfen aus
Florenz floh. Frisch restauriert zeigt
sich der einzigartige Freskenzyklus
zur »Kreuzeslegende« in seiner ganzen Pracht. Seltene Funde aus der
Etruskerzeit und eine der wenigen
Zentralbauten der Renaissance können in **Cortona** besichtigt werden.

## Arezzo     ► S. 147, D 14

97 500 Einwohner
Stadtplan ► S. 91
Wo sich die Täler von Arno, Chiana
und Tiber berühren, liegt die Stadt
auf einem sanft ansteigenden Hügel,
dessen Kuppe von Dom, Bischofspalast und Medici-Festung eingenommen wird. Sein heutiges Stadtbild
erhielt Arezzo im 12. und 13. Jh., der
letzten großen Blütezeit, bevor es
1384 (endgültig) für 40 000 Gulden
an Florenz verkauft wurde. Voraus-
gegangen waren erbitterte Kämpfe

zwischen dem kaisertreuen ghibelli-
nischen Arezzo und dem guelfischen
Florenz. Aus seiner Jahrhunderte an-
haltenden Unscheinbarkeit ist Arezzo erst im 19. Jh. erwacht, vor allem
dank der Trockenlegung der mala-
riaverseuchten Sümpfe der Chiana-
Senke und der Einweihung der Eisen-
bahnlinie Florenz–Rom (1866).

### SEHENSWERTES

**Duomo San Donato**   ► S. 91, b 2

1277 begonnene, dem hl. Donatus
geweihte Kathedrale. Aus dem 19. Jh.
stammt der sechseckige Glockenturm. Neben den Glasfenstern von
Guillaume de Marcillat (1518–1524)
ist auch Piero della Francescas Fresko »Hl. Magdalena« beachtenswert.
Piazza del Duomo • tgl. 6.30–12.30,
15–18.30 Uhr

**Palazzo Pretorio**   ► S. 91, b 2

In diesem Adelspalast residierten die
Statthalter aus Florenz, deren Wappen an der Fassade zur Via dei Pileati
von dieser »Fremdherrschaft« erzählen. Von 1404 bis 1926 auch Gefäng-
nis, beherbergt der Palazzo Pretorio
heute die Stadtbibliothek.
Via dei Pileati, 8 • Bibliothek: Mo–Fr 9–
19.30, Sa 8.30–13.30 Uhr • Eintritt frei

**Piazza Grande**   ▶ S. 91, b/c 2

Umrahmt von mittelalterlichen Palazzi und Wohntürmen ist diese trapezförmige, leicht abschüssige Piazza eine der schönsten in der Toskana. Bis auf die Nordseite erhielt sie ihr heutiges Aussehen im 13. und 14. Jh. Ältestes Gebäude an der Westseite ist die **Pieve**, flankiert vom **Palazzo del Tribunale** und der Fassade des für eine 1262 gegründete Laienbruderschaft errichteten **Palazzo della Fraternità dei Laici**. Die Nordseite des Platzes nimmt der 1573 nach Plänen von Vasari erbaute **Palazzo delle Logge** ein. Auf der Piazza Grande und dem Corso Italia wurden Szenen aus Roberto Benignis großartigem Film »Das Leben ist schön« (1997) gedreht.

**San Domenico**   ▶ S. 91, b 1

Die 1275 begonnene und im frühen 14. Jh. vollendete Dominikanerkirche zählt zu den eindrucksvollsten Bettelordenskirchen des 13. Jh. Fresken Sieneser und Aretiner Künstler schmücken die Wände. Zu Recht stolz ist man auf das jüngst restaurierte Kruzifix auf dem Hochaltar, einem Frühwerk Cimabues (1260–1270). Piazza San Domenico, 7 • tgl. 8.30– 19 Uhr

**San Francesco**   ▶ S. 91, b 2

Die einschiffige Bettelordenskirche wurde 1318 begonnen und 1377 vollendet. Berühmt ist Piero della Francescas restaurierter Freskenzyklus **Die Legende vom Heiligen Kreuz (Leggenda della Vera Croce)** ✡. Piero della Francesca, der in Sansepolcro geboren ist, zählt zu den großen Künstlergenies der Frührenaissance. Sein 1453 bis 1464 geschaffener Freskenzyklus in der Hauptchorkapelle (Cappella Bacci) der Kirche entwirft ein modernes Bild vom Menschen und von der Auffassung des Raums. Auf diesen Fresken finden wir auch die erste Nachtszene der europäischen Malerei. Wie in all seinen Bildern beeindruckt der Künstler hier nicht nur durch die Perspektive, sondern auch durch Lichtführung und Farbgebung. Den Entwürfen liegen einfach gezeichnete Körper zugrunde. Mit einem Fernglas sind die Fresken auch aus dem Kirchenraum zu betrachten, aus der Nähe nur mit Reservierung. Piazza San Francesco • Kartenvorverkauf: Tel. 05 75 35 27 27 • www.apt. arezzo.it • Kirche: tgl. 8.30–18.30 Uhr • Cappella Bacci: April–Okt. Mo–Fr 9– 18.30, Sa 9–17.30, So 13–17.30, Nov.–März Mo–Fr 9–17.30, Sa 9–17, So 13–17 Uhr • Eintritt 4 €

**Santa Maria della Pieve**

▶ S. 91, b 2

Die Kirche entstand zwischen dem 12. und 14. Jh. über einer älteren Taufkirche. Der **Campanile** (1330) wird wegen der filigranen Auflösung der Wände in Doppelbogenöffnungen »Torre delle cento buchi«, Turm der 100 Löcher, genannt. Im Innern Piero Lorenzettis Polyptychon (1320– 1324). Maria della Pieve galt lange als Volkskirche, während der Dom Sitz der wenig beliebten Bischöfe war. Corso Italia, 7 • tgl. 8–12, 15–18 Uhr

### MUSEEN

**Casa Vasari**   ▶ S. 91, b 1

Giorgio Vasari erwarb das Haus 1540. Die Räume im ersten Stock hat er selbst ausgemalt. Zu sehen sind Briefe Michelangelos und Pius' V., Gemälde des 16. Jh. und Renaissancemöbel. Via XX Settembre, 55 • Mi–Mo 8.30/ 9–19.30, So, feiertags 8.30–13 Uhr • Eintritt 2 €

## Museo Statale d'Arte Medievale e Moderna ▶ S. 91, a/b 1

Hier im Renaissancepalazzo Bruni-Ciocchi sind Gemälde aus dem 13. bis 19. Jh. und Skulpturen (14. und 15. Jh.) sowie eine umfassende Majoliken-Sammlung untergebracht.

Via San Lorentino, 8 • Tel. 05 75 40 90 50 • Di–So 8.30–19 Uhr • Eintritt 4 €

### SPAZIERGANG

Stadtplan ▶ S. 91

Ausgangspunkt des Rundgangs ist die **Piazza Grande**. An der Nordseite verbindet die weiträumige Loggia des **Palazzo delle Logge** (1573–1595 nach Plänen von Giorgio Vasari errichtet) die Piazza mit der großen Einkaufsstraße von Arezzo, dem **Corso**. Spazieren Sie diesen hinauf und biegen rechts in die Via Cavour. Vorbei an der Kirche **San Francesco** sehen Sie die im 16. Jh. stark veränderte Badia, die Kirche der Benediktiner, und laufen über die Piazza Badia in die Via XX Settembre. An der Ecke Via Garibaldi zur Piaggia di Murello steht der prächtige **Palazzo Bruni-Ciocchi** (1445), in dem das **Museo Statale d'Arte Medievale e Moderna** (▶ S. 91) untergebracht ist. Am oberen Ende der Via XX Settembre befindet sich das Wohnhaus von Giorgio Va-

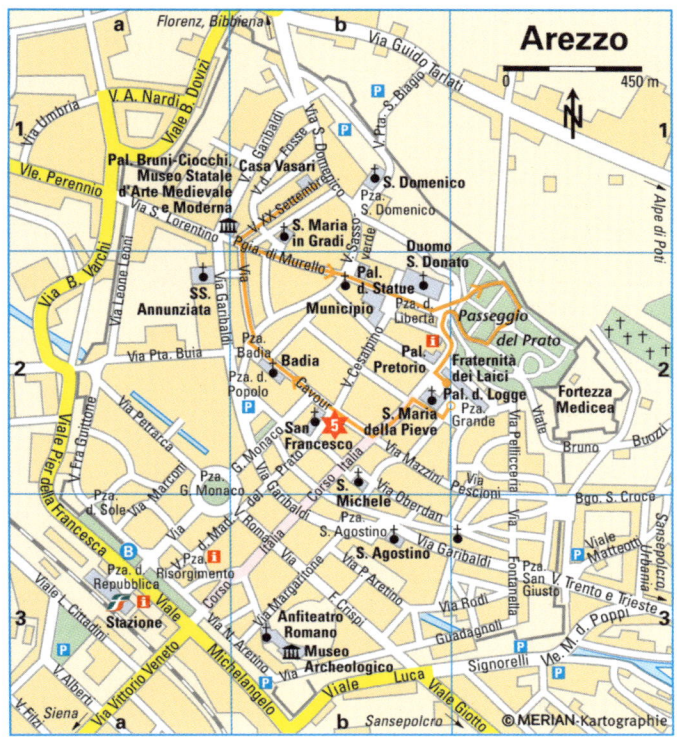

Die Bacci-Kapelle in der Bettelordenskirche San Francesco (▶ S. 90) bewahrt Piero della Francescas 1453 bis 1464 entstandenen Freskenzyklus vom Heiligen Kreuz.

sari. Inzwischen Museum, ist es mit seinen originalen Einrichtungen ein sehr gutes Beispiel für die vorherrschenden Wohnverhältnisse im 16. Jh. Ein etwas mühsamer, aber lohnenswerter Anstieg zur Kuppe des Aretinischen Hügels führt hinauf zum **Duomo San Donato**. Von hier kann man den Weg zurück durch den **Prato** zur Piazza Grande wählen. Diese Parkanlage entstand im 16. Jh. nach Aufschüttung der Senke zwischen den beiden Hügelkuppen.
Dauer: 2 Std.

## ÜBERNACHTEN

### Vogue Hotel 👫                    ▶ S. 91, b 2

**Städtische Eleganz •** Seit 2006 gibt es mitten im historischen Zentrum der Stadt ein ausnehmend kinderfreundliches Hotel. Ob der Goldfisch im Zimmer oder wunderbare Spielsachen, Malhefte und alles, was ein Kinderherz begehrt. Vogue lässt es an nichts fehlen und bietet den Kleinen einen liebenswerten Service. Sogar mit tränenfreien Shampoos können Kinderhaare gewaschen werden. Auch die Eltern kommen auf ihre Kosten:

Betten können sie sich in sehr geschmackvoll und verschieden eingerichteten Zimmern, Baden in romantisch beleuchteten Wannen, groß genug für zwei. Alle Räume haben Charme und Klasse. Besondere Extravaganz bietet das Zimmer »Trend«. Wer auf den Sport nicht verzichten will, zieht sein Fitnessprogramm »radelnd« in seinem Zimmer durch. Auch von seinen kleinen oder großen Haustieren muss man sich nicht trennen. Sie ruhen im Körbchen mit im Zimmer, bekommen ein Spezialfutter und genießen auch sonst allen Komfort. Und auf den kommenden Morgen darf man sich ganz besonders freuen, für alle Bedürfnisse wird gesorgt: süß oder sauer, es gibt feine Köstlichkeiten schon zum Frühstück, alles im Preis inbegriffen.
Via Guido Monaco, 54 • Tel. 0 57 52 43 61 • www.voguehotel.it • 26 Zimmer • ♿ • €€€

## Borgo Corsignano    ▶ S. 147, D 14

**Ländliche Idylle** • Der mittelalterliche »borgo« mit alter Kapelle ist eine kleine idyllische Welt für sich: Eine weitläufig angelegte Parkanlage, verschiedene sehr geschmackvoll gestaltete Apartments und Häuser (u. a. im umgebauten Schulhaus), Pools und eigener See sowie vor der Tür der **Parco Nazionale delle Foreste Casentinesi** lassen rasch den Alltagsstress vergessen. In der stilvollen Anlage wird der Freizeitaspekt groß geschrieben, neben den Schwimmbädern gibt es Tennis- und Kinderspielplätze. Da der Borgo ganzjährig geöffnet ist, hat jede Wohnung bzw. jedes Haus Heizung oder Kamin. Wer nicht kochen will, probiert im historischen Kern von Poppi die solide regionale Küche der **Antica Cantina** (Via Lapucci, 2;

Tel. 05 75 52 98 44; www.anticacantina. com; Mo, Di mittags geschl. • €).
Poppi, Loc. Corsignano • Tel. 05 75 50 02 94 • www.borgocorsignano.com • 14 Apartments, 2 Villen • ♿ • €€ 41 km nördl. von Arezzo

## Foresteria San Pier Piccolo
▶ S. 91, b 2

**Geschichtsträchtig wohnen** • In dem einstigen Benediktinerkloster (1387), das die Brüder »Servi di Maria« vor 30 Jahren übernommen haben, wird man in den großen, hellen Zimmern (z. T. mit Fresken) willkommen geheißen. Es gibt drei Aufenthaltsräume, eine Bibliothek; auf Wunsch auch ein günstiges Frühstück und Abendessen. Das Kloster liegt im historischen Zentrum Arezzos, 5 Gehminuten vom Bahnhof entfernt.
Via Bicchieraia, 32 • Tel. 05 75 37 04 74 • www.foresteriasanpierpiccolo. it • 12 Zimmer • €

## Locanda dei Baroni    ▶ S. 147, D 13

**Ruhige Lage** • Im Parco Nazionale delle Foreste Casentinesi, gegenüber vom Kloster Camaldoli, erlebt man zwischen Natur, Spiritualität, Kunst und traditioneller Küche ein Stück Toskana der besonderen und stillen Art. Im großen Restaurant, eingerahmt von zwei Kaminen, gibt es deftige Gerichte der Region. Die Pizzeria bietet ganztägig »pizza al taglio«, auch außer Haus. Wer den Garten zum Essen bevorzugt, wird bei schönem Wetter belohnt, die Blicke reichen bis hinüber zum Kastell von Poppi. Keine gehobenen Ansprüche, die Einfachheit kann hier verzaubern.
Loc. Camaldoli, Via di Camaldoli, 5 • Tel. 05 75 55 60 15 • www.locanda deibaroni.it • 12 Zimmer • € 46 km nördl. von Arezzo

**MERIAN-Tipp**  ◆ 10

## FATTORIE DI CELLI

▶ S. 146, C 13

Allein der traumhafte Blick auf die Landschaft des Casentino lohnt bereits den Besuch der Fattoria. Doch haben die Besitzer des Weilers noch einen weiteren Coup gelandet: Kinder dürfen hier ihren Leidenschaften frönen und sich in der großartigen Naturlandschaft vergnügen. Für den ganz kleinen Nachwuchs steht ein fantasiereicher Spielplatz mit hübschen Holzhäuschen, Sandkasten, Wasserspielen und Wippen bereit. Auf dem Trimm-dich-Pfad, der in einen Wald hineinführt, können auch die Jüngsten ihr Fitnessprogramm absolvieren. Entspannte Abende bieten das neue Restaurant (nur für Gäste) und das Sommerhaus mit Bibliothek. Beim Aufwachen nimmt man den herrlichen Duft frischer Croissants oder Brötchen wahr, die vor der Tür liegen; dazu gibt es eine Tageszeitung. Danach bringen sich schnell die Kinder auf den Plan: Museum – nein, Stadtbummel – nein, klare Entscheidung: hier spielen! Die Eltern können ihren Tag gestalten und auf den Kindergartenservice zurückgreifen.
Poppi, Loc. Celli • Tel. 05 75 50 02 94 • www.fattoriedicelli.com • 16 Apartments, 4 Villen • ♿ • €
42 km nördl. von Arezzo

## I Tre Baroni

▶ S. 147, D 13

**Luxus bei den drei Baronen** • Ursprünglich ein Bauernhaus, kann man jetzt im Panorama-Pool mit Kastell-Kulisse oder im exklusiven Restaurant mit hiesigen Spezialitäten und in charmanten Zimmern in klassischer Eleganz den puren Luxus auf dem Land erleben.
Poppi, Loc. Moggiona, Via di Camaldoli, 52 • Tel. 05 75 55 62 04 • www.itrebaroni.it • 24 Zimmer • €–€€
47 km nördl. von Arezzo

### ESSEN UND TRINKEN

## Antica Trattoria al Principe

▶ S. 147, D 14

**Gut bürgerlich** • In einem mittelalterlichen Dorf bietet Familie Torelli in ihrer traditionell eingerichteten Gaststätte von Köchin Carla gekonnt zubereitete toskanische Hausmannskost. Außerdem verdienen die Aalspezialitäten besondere Erwähnung. Auch Übernachtungen möglich.
Loc. Giovi (A 1, Ausfahrt Arezzo, Richtung Casentino), Via Giovi, 25 • Tel. 05 75 36 20 46 • www.anticafattoriaalprincipe.it • Mo geschl. • €

## Il Cantuccio

▶ S. 91, b 2/3

**Einfach, aber gut** • Mamma Augusta regiert in der Küche und lockt mit ihren traditionellen und immer noch preiswerten Gerichten auch die Einheimischen an.
Via Madonna del Parto, 76 • Tel. 05 75 2 68 30 • www.ilcantuccio.it • Mi geschl. • €

## La Formaggeria

▶ S. 91, b 2

**Klein, aber fein** • Hinter der Kirche San Francesco in der »mescita artigianale« gibt es beileibe nicht nur Käse und Wein. Zum Einkaufen (9.30–20 Uhr), zum »pranzo« mit den von Eliana und ihrem Bruder Sergio bereiteten kleinen, ausgewählten Spezialitäten und zum Aussuchen feiner Gaumenfreuden für zu Hause lohnt der Weg in jedem Fall.

Via de' Redi, 16 • Tel. 05 75 40 35 83 •
www.formaggeriaspiganti.com • So
geschl. • €

### EINKAUFEN

**Fiera Antiquaria**   ► S. 91, b/c 2

Auf der Piazza Grande findet an jedem ersten Wochenende im Monat
der große Antiquitätenmarkt statt.
Info: Tel. 05 75 37 79 93 und 05 75 37
79 98 • www.arezzofieraantiquaria.it

**Lorj**   ► S. 146, C 13

Wer Interesse an preiswerter Desig-
nermode hat, steht bei Lorenzo Lorj
vor der Qual der Wahl.
Strada in Casentino/Arezzo • Tel. 05 75
50 01 90 • www.lorj.com • tgl. außer
Mi vormittags 9–13, 15–19.30 Uhr

**Naturbosco di Mario Ceruti**
   ► S. 91, nördl. b 1

Im Sortiment sind neben anderen
Köstlichkeiten Öl mit Trüffelduft
und getrocknete bzw. in Öl eingeleg-
te Pilze aus dem Casentino.
Via Giovanni Acuto, 15 b, Zona
Pescaiola-Nuovo Ospedale • Tel.
05 75 29 58 12

### SERVICE

**AUSKUNFT**
**APT Arezzo**   ► S. 91, a 3

Piazza Risorgimento, 116 • Tel. 0 57
52 39 52/3 • www.apt.arezzo.it

**Ufficio informazioni Turistiche**
   ► S. 91, a 3

Piazza della Repubblica, 28 • Tel.
0 57 52 08 39 • www.apt.arezzo.it

## Ziele in der Umgebung
◎ **Anghiari**   ► S. 147, E 14

5850 Einwohner

Der Name dieses hübschen mittelalterlichen Bergstädtchens verbindet
sich mit der berühmten Anghiari-
Schlacht, bei der am 29. Juni 1440

Anghiari (► S. 95), ein idyllischer Ort nordöstlich von Arezzo, war im 15. Jh. Schauplatz
einer berühmten Schlacht, die die florentinischen Truppen für sich entscheiden konnten.

die Republik Florenz die Mailänder Truppen schlug. Sehenswert sind im Ort die achteckige romanische **Abtei La Badia** und die im 6. Jh. entstandene Kirche **Santo Stefano** am Fuße des Hügels. Im **Palazzo Taglieschi** befindet sich das **Museo dell'Alta Valle del Tevere** mit einer interessanten volkskundlichen Sammlung.
30 km nordöstl. von Arezzo

Cortonas Piazza della Repubblica (▶ S. 96) mit der großartigen Rathaustreppe.

### EINKAUFEN
**Busatti**

In dem kleinen noblen Familienbetrieb dieser traditionsreichen Weberei werden Tisch- und Bettwäsche, Handtücher u. v. m. nach alten Herstellungsverfahren produziert. Eine Qualität, die ihresgleichen sucht. Besichtigung der Werkstatt möglich.
Via Mazzini, 14 • Tel. 05 75 78 80 13 • www.busattitessuti.it

◉ **Caprese Michelangelo**
▶ S. 147, D 13
1670 Einwohner

Hier wurde Michelangelo Buonarotti am 6. März 1475 geboren. Im **Castello** (14. Jh.) befinden sich Gipsabdrücke seiner wichtigsten Skulpturen.

### MUSEEN
**Museo Michelangiolesco**

Das Museum ist mit Skulpturen des Meisters ausgestattet.
Via Capoluogo, 1 • Nov.–März Di–So 11–17/18, April, Mai Di–So 11–18/19, Juni, Juli 9.30–18.30/19.30, Aug. tgl. 9.30–19.30, Sept. tgl. 10–19/19.30, Okt. Di–So 10.30–17.30/18.30 Uhr • Eintritt 4 €, erm. 2,50 €
55 km nördl. von Arezzo

◉ **Cortona**
▶ S. 147, D 15
22 560 Einwohner

Zu Etruskerzeit bereits ein kulturell bedeutendes Zentrum, lebt die einst von Vergil besungene, 650 m hoch über dem Chiana-Tal thronende Stadt heute weitgehend vom Kunsthandwerk, der Landwirtschaft und dem Tourismus. Im Herzen Cortonas, der **Piazza della Repubblica**, geht es vor und auf der breiten Treppe des Palazzo Comunale und dem Palazzo del Popolo lebhaft zu. Seitlich davon liegt die Piazza Signorelli mit dem Palazzo Fierli-Petrella sowie dem schönen Palazzo Pretorio, in dem das **Museo dell'Accademia Etrusca e della Città** (**MAEC**) untergebracht ist. Im **Museo Diocesano** ist u. a. Beato Angelicos »Verkündigung« zu sehen.
Auf dem Weg nach Camucia steht eine der wenigen Zentralbaukirchen der Hochrenaissance: **Madonna del Calcinaio** (1485–1513).
MAEC: Piazza Signorelli, 9 • www.cortonamaec.org • April–Okt. Di–So 10–19,

Nov.–März Di–So 10–17 Uhr • Eintritt
8 € • Museo Diocesano: Piazza Duomo •
April–Okt. Di–So 10–19, Nov.–März
Di–So 10–17 Uhr • Eintritt 5 €
40 km südöstl. von Arezzo

### ◎ Eremo und Monasterio di Camaldoli
▶ S. 147, D 13

50 Kamaldulenser-Mönche leben in
der Einsiedelei auf 1104 m Höhe etwa 6 km oberhalb von Camaldoli.
Frauen hatten in der vom hl. Romu-
ald gegründeten Klause keinen Zu-
tritt. Einige der Zellen mit Gärtchen
sollen von bekannten Persönlichkei-
ten errichtet worden sein. Zelle Nr. 13
hat angeblich Maria de' Medici bau-
en lassen, die sich hier einmal einge-
schlichen haben soll. Besichtigen kann
man heute drei der 20 Zellen. In der
Kapelle der Erlöserkirche ist eine
Arbeit von Andrea della Robbia zu
sehen, eine seiner zahlreichen Terra-
kotta-Madonnen mit Kind. Im unterhalb gelegenen Kloster werden in
der Apotheke (1543) nach überlieferten Rezepten hergestellte Duftwässer-
chen, Liköre und Heilgetränke, Tee,
Marmeladen u. v. m. angeboten. Zu
bestaunen sind handgeschnitzte Apo-
thekerregale mit Tiegelchen und in
der Kirche drei Arbeiten von Vasari
(Kreuzesabnahme über dem Altar).
Auch Übernachtungsgäste heißt man
in der Einsiedelei herzlich willkommen. Zimmer, Ferienwohnungen sowie geräumige Bauernhäuser werden
auch an Gruppen vermietet.
Loc. Camaldoli • www.camaldoli.it •
Monasterio: Tel. 05 75 55 60 12 •
Sommer Mo–Sa 9–13, 14.30–19.30,
Winter Mo–Sa 9–13, 14.30–19 Uhr •
Eremo: Tel. 05 75 55 60 21 • Sommer
Mo–Sa 9–12, 15–18, Winter Mo–Sa
9–12 und 15–17 Uhr
49 km nördl. von Arezzo

### ◎ Museo della Madonna del Parto
▶ S. 147, E 14

Ein absolutes Muss für alle Liebhaber von Piero della Francesca ist
das wahrhaft einzigartige Bild der
»Schwangeren Madonna« (Madonna del Parto) im 1800-Einwohner-
Städtchen Monterchi. Der Maler
schuf es im Jahr 1460 anlässlich des
Todes seiner Mutter. Das Gemälde
befindet sich heute in der einstigen
Grundschule des Ortes.
Monterchi, Via Reglia, 1 • Tel. 0 57 57
07 13 • Sommer tgl. 9–13, 14–18/19,
Sa, So 9–19, Winter tgl. 9–13, 14–
17 Uhr • Eintritt 3,50 €, erm. 2 €
27 km östl. von Arezzo

### ◎ Sansepolcro
▶ S. 147, E 14

16 160 Einwohner

Die Gründung des Ortes soll auf
zwei Pilger aus dem Heiligen Land
zurückgehen. Hauptmagnete sind
auch hier Meisterwerke Piero della
Francescas, die im **Museo Civico** mit
der **Pinacoteca Comunale** (Via Ag-
giunti, 65; tgl. 9.30–13, 14.30–18/
19 Uhr; Eintritt 6 €) ausgestellt sind:
das berühmte Fresko der »Auferstehung« (1463) und das »Polyptychon
der Barmherzigkeit« (1452).
40 km nordöstl. von Arezzo

### ◎ La Verna
▶ S. 147, D 13

Das 1129 m hoch gelegene Franziskanerkloster ist noch heute ein beliebter Wallfahrtsort. Während einer
Ekstase empfing im Jahr 1224 der
hl. Franz von Assisi hier die »Wund-
male Christi« (Convento della Verna;
tgl. 8–18.30 Uhr).
Santuario Francescano, Chiusa
della Vera, Via del Santuario, 45 •
www.santuariolaverna.it • tgl.
6.30–19.30 Uhr
45 km nördl. von Arezzo

# Siena und der Süden
Siena, die »Dunkle«, Pienza, die »Ideale«, und San Gimignano, die »Turmreiche«. In den lieblichen Hügeln rund um diese Kleinstädte liegt das eigentliche Herz der Toskana.

◀ Rund 700 Jahre alt: Pisanos Prunk-
fassade aus verschiedenfarbigem Mar-
mor am Dom (▶ S. 100) von Siena.

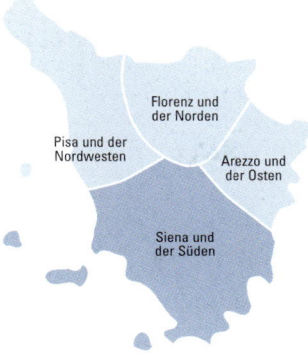

Florenz und
der Norden

Pisa und der
Nordwesten

Arezzo und
der Osten

Siena und
der Süden

Abwechslungsreich ist hier die Toskana mit der südöstlich von Siena sich
ausbreitenden **Crete**, einer faszinierenden »Mondlandschaft«. Von den
vielen Thermalbädern bezaubert besonders **Bagno Vignoni**, wo sich bereits die Medici erholten. Die 2500
Jahre alte Etruskerstadt **Volterra** im
Nordwesten darf man getrost als toskanisches Urgestein bezeichnen. **San
Gimignano** wird wegen seiner hoch
aufragenden Wohntürme auch das
»Manhattan der Toskana« genannt.
Und das mittelalterliche **Siena** glänzt
mit dem einzigartigen Campo und
dem zweimal jährlich stattfindenden
Pferderennen, dem Palio. Für Liebhaber großer Weine ist **Montalcino**
mit dem weltberühmten Brunello ein
Muss. In **Sant'Antimo** überwältigt
der Zauber des Frühmittelalters. Und
die Kunst des Städtebaus lässt sich
hervorragend in **Pienza** studieren.

## Siena  ▶ S. 146, B 15

53 880 Einwohner
Stadtplan ▶ S. 101

Mit seiner verwinkelten Altstadt und
den engen, von hohen Palästen aus
rotbraunem Backstein der Sieneser
Tonerde (»terra di Siena«) gesäumten
Straßen erweckt Siena auch heute
noch den Eindruck einer mittelalterlichen Stadt. Es scheint, als habe sich
seit dem 13. Jh. kaum etwas geändert.
Damals, in der Blütezeit, gediehen
Handel und Handwerk, die Banken
machten viel Geld, und die Bürger
waren wohlhabend genug, Künstler
wie Duccio, Lorenzetti oder Arnolfo
di Cambio für sich arbeiten zu lassen.
Seinerzeit entstanden jene Meisterwerke der berühmten Sieneser Schule, die heute zu den Kostbarkeiten
der Kirchen und Museen gehören.
Dabei hat sich Siena sehr lange gegen
seine große Rivalin Florenz behaup-
ten können und fiel erst 1559 unter
die Herrschaft des Medici-Herzogs
Cosimo I. Berühmt ist die von Dante
beschriebene Schlacht auf den Hügeln von Montaperti, wo 1260 an die
10 000 Florentiner von den Sienesern
niedergemetzelt wurden.
Wie ein rotbrauner, von schlanken
Türmen überragter Teppich breitet
sich die Stadt über drei flache Hügel
aus, die sich in Form eines Dreisterns
um die **Piazza del Campo** gruppie-
ren. Dieser einmalige Platz ist immer
noch das Zentrum der Stadt. Trotz
der inzwischen günstigen Anbin-
dung an Florenz über die Superstrada beschränkt sich die Ökonomie
in Siena heute auf den Tourismus,
den Handel mit landwirtschaftlichen
Produkten sowie das Bankgeschäft.
Industrie gibt es so gut wie keine.
Gleichwohl ist Siena alles andere als
eine verschlafene Stadt. Im Gegen-
teil, in den engen mittelalterlichen
Gassen herrscht stets ein reges Treiben. Siena ist seit dem 13. Jh. auch
eine lebendige Universitätsstadt.

Der historische Lebensraum wurde auch dadurch erhalten, dass bereits 1959 das Stadtzentrum für den Autoverkehr gesperrt wurde. Den Wagen muss man daher (von der einmaligen Fahrt zum Hotel abgesehen) auf einem der Parkplätze abstellen. Seit einiger Zeit fahren öffentliche Stadtbusse mit einer 25 %-Beimischung von Biosprit. Das Projekt ist zwar bescheiden, doch der Slogan zieht, wenn die Sieneser Busfahrer sagen: »Ich habe eine Sonnenblume im Motor.« Der Biosprit wird aus toskanischen Sonnenblumenfeldern gewonnen.

## SEHENSWERTES

**Basilica San Francesco** ▶ S. 101, c 1
Im Innern der 1475 vollendeten Bettelordenskirche sind eine Kreuzigung von Pietro und Fresken von Ambrogio Lorenzetti (jeweils um 1331) zu sehen. Vor der Kirche das **Oratorio San Bernardino**, in dem der hl. Bernhard (1380–1444) gepredigt hat.
Piazza San Francesco • Kirche: tgl. 7.30–12, 15.30–19 Uhr, Oratorium: 15. März–Okt. 13–19 Uhr, sonst nur nach Voranmeldung • Eintritt 3 €

**Battistero San Giovanni**
▶ S. 101, a/b 2
Die Taufkirche wurde als Stützbau für die erweiterte Domapsis 1325 vollendet. Jacopo della Quercia schuf das sechseckige Taufbecken und die Statue Johannes des Täufers auf dem Marmortabernakel (1417). An den Seitenwänden des Beckens sind vergoldete Bronzereliefs mit Szenen aus der Johannesvita angebracht. Diese sind Werke von Donatello, Lorenzo Ghiberti und Jacopo della Quercia.
Piazza San Giovanni • März–Mai, Sept., Okt. 9.30–19, Juni–Aug. 9.30–20, Nov.–Feb. 10–17 Uhr • Eintritt 3 €

**Duomo Santa Maria Assunta**
▶ S. 101, a/b 2
Mitte des 13. Jh. weitgehend vollendet (Campanile und Kuppel 1264), wurde der Dom in den folgenden Jahrzehnten vielfach umgestaltet. Unvorstellbar, dass das Langhaus (89 m) im 14. Jh. als Querschiff (!) in den neuen Dom integriert werden sollte. 1348 wurde das ehrgeizige Projekt aufgegeben. Die schwarzweiße Marmorstreifung im eindrucksvollen Inneren geht auf die Farben der »balzana«, Sienas Wappen, zurück.
Der prachtvolle, mit zahlreichen Intarsien geschmückte Marmorfußboden (biblische und allegorische Darstellungen) kann nur von der dritten Augustwoche bis Ende Oktober besichtigt werden. Zu den weiteren Meisterwerken des Domes gehören: Donatellos Bronzestatue »Johannes der Täufer« (1457) in der Johanniskapelle und die Kanzel von Nicola und Giovanni Pisano und Arnolfo di Cambio. Sehenswert ist auch die **Libreria Piccolomini**, gestiftet 1495 vom gleichnamigen Kardinal und späteren Papst Pius III. mit Fresken von Pinturicchio (1504).
Piazza del Duomo • Tel. 05 75 28 30 48 • www.operaduomo.siena.it • März–Mai, Sept., Okt. Mo–Sa 10.30–19.30, So, feiertags 13.30–17.30, Juni–Aug. 10.30–20, So, feiertags 13.30–18 Uhr • Eintritt 3 €, mit Marmorboden (Scopertura pavimento) 6 €

**Piazza del Campo** ▶ S. 101, b 2
Mit dem **Palazzo Pubblico** und seiner **Torre del Mangia** (88 m hoch) ist dies wohl der schönste Platz Italiens. Muschelförmig leicht nach Süden abfallend, gesäumt von schlichten gotischen Palazzi, liegt er zwischen drei Hügeln, auf denen die Stadtdrit-

tel Sienas erbaut wurden: das **Terzo di Città** (mit Dombezirk), das **Terzo di Camollia** im Norden und das **Terzo di San Martino** im Südosten. Viele wilde Spiele hat der Campo im Lauf seiner Geschichte gesehen, bei denen Schlägereien zum Ritual gehörten: die Jagd auf den Stier (»bufalata«), die auf den Esel (»asinata«) und der noch heute beliebte Reiterwettkampf **Palio** ( ▶ MERIAN-Tipp, S. 27).

Die **Fonte Gaia** (1409) ist einer von zehn noch vorhandenen Brunnen, dessen Reliefs von Jacopo della Quercia stammen. Die Originale sind im Palazzo Pubblico (13.–14. Jh.), einem eleganten Palast, zu besichtigen.

**MUSEEN**

## Museo dell'Opera Metropolitana

▶ S. 101, b 2

Hier sind Giovanni Pisanos Figuren für die Domfassade (Ende 13. Jh.) sowie Simone Martinis »Madonna mit den großen Augen« (13. Jh.) und Pietro Lorenzettis »Geburt der Jungfrau« (1342) aufbewahrt. Glanzstück ist die 1311 von Duccio vollendete »Maestà«: eine thronende Madonna, umgeben von Heiligen und Aposteln. Piazza del Duomo, 8 • Tel. 05 77 28 30 48 • www.operaduomo.siena.it • März–Mai, Sept., Okt. 9.30–19, Juni–Aug. 9.30–20, Nov.–Feb. 10–17 Uhr • Eintritt 6 €

**Museo delle Tavolette di Biccherna/Archivio di Stato** ▶ S. 101, c 2

Eine Sammlung hölzerner Buchdeckel, die zum Einbinden der Rechnungsbücher und Kontenregister (die »biccherna« führte Buch über die Gehälter der städtischen Bediensteten) Verwendung fanden. Bedeutende Sieneser Künstler (von den Brüdern Lorenzetti bis zu Beccafumi) haben sie bemalt. Museum und Staatsarchiv sind im **Palazzo Piccolomini** untergebracht. Die Besucher werden von Kustoden begleitet.

Via Banchi di Sotto, 52 • Lesesaal Mo–Sa 9.30, 10.30, 11.30 Uhr • www.assi.archivi.beniculturali.it • Eintritt frei

**Palazzo Pubblico (Palazzo Comunale) e Museo Civico** ▶ S. 101, b 2

Im ersten Stock dieses Palastes befinden sich in den Sälen 2 und 3 die bedeutendsten Werke des Museums. Damit der Rat der Stadt jeden Tag aufs Neue die Vorzüge einer für damalige Verhältnisse demokratischen Stadtregierung vor Augen hat, gab das Gremium bei Ambrogio Lorenzetti Fresken (1337–1339) in Auftrag. Auf drei großen Wandflächen in der **Sala della Pace** (auch Sala dei Nove) erzählen sie außerordentlich anschaulich von einem guten und einem schlechten Stadtregiment.

Das **Schlechte Regiment (Cattivo Governo)** erscheint in Gestalt des teuflischen Tyrannen. Er bringt Leid und Verderben, in Form zerstörter Stadtmauern, brandschatzender Soldaten und verlassener Felder. Das **Gute Regiment (Buon Governo)** 6 stellt sich ein, wenn die Vertreter der großen Zünfte die Stadt und das Umland gerecht verwalten. Bei Lorenzetti wird daraus die wunderbare Vision eines befriedeten, in Arbeit und Muße begriffenen Lebens. Zahlreiche Waren werden in die Stadt gebracht

Die von der 88 m hohen Torre del Mangia überragte muschelförmige Piazza del Campo in Siena (▶ S. 100) hat ihren mittelalterlichen Charakter nahezu unverändert bewahrt.

und von Händlern verkauft, Schüler werden unterrichtet, außerdem zeigt das Fresko einen Goldschmied und den Arbeitsplatz eines Wollfärbers. Im Vordergrund des Stadtbildes tanzen neun junge Frauen. Getreu der Lehre des Aristoteles, so wusste man seinerzeit, gehören Musik und Tanz zu jedem gesunden Menschenleben!

In der **Sala della Mappamondo** (Saal der Landkarten) sind Simone Martinis Fresken der Maestà (1315) und des Sieneser Condottiere Guidoriccio da Fogliano (1328) zu bewundern.

Piazza del Campo • 26. Dez.–6. Jan., Nov.–15. März 10–18, 16. März–Okt. 10–19, 26. Nov.–15. Feb. 10–17.30 Uhr • Eintritt mit Reservierung 6,50 €, ohne 7,50 €

### Pinacoteca Nazionale ▶ S. 101, b 3

Nahezu alle großen Vertreter der sienesischen Malerei des 13. bis 17. Jh. sind hier zu sehen. Darunter stechen zwei einzigartige frühe Landschaftsgemälde besonders hervor: Ambrogio Lorenzettis »Città sul Mare« und »Castello in Riva a un Lago«.

Via San Pietro, 29 • Mo 8.30–13.30, Di–Sa 8.15–19.15, So, feiertags 8.30–13.15 Uhr • Eintritt 4 €

### SPAZIERGANG

Stadtplan ▶ S. 101

Unser Weg von der **Piazza del Campo** durch die belebten Straßen Via di Città, Banchi di Sopra, di Angolieri und del Capitano führt vorbei an den ehrwürdigen Palazzi der Piccolomini und der Chigi, in denen sich längst Banken und Versicherungen eingerichtet haben. Am Zentrum des Straßensystems, wo Via Banchi di Sopra und Via Banchi di Sotto zusammenlaufen, haben sich die Kaufleute ihre Loggia (1417–1444) gebaut.

Vielleicht beginnen Sie den Spaziergang ganz gemütlich, nämlich in der kleinen Bar am Vicolo di San Paolo, wo man den Kaffee auf einem Balkon über dem Campo serviert bekommt. An der Via di Città (Nr. 89) erhebt sich linker Hand der **Palazzo Chigi-Saracini** (14. Jh.), heute Sitz der Accademia Musicale Chigiana. Im Innern ist auf Anfrage (Tel. 0 57 74 61 52) eine Sammlung von Werken der Sieneser Schule zu besichtigen. Schräg gegenüber, am anderen Ende der Piazza del Campo, imitiert der **Palazzo Piccolomini**, errichtet 1460 bis 1465 von Bernardo Rossellino, den Palast der Medici in Florenz. Rechts hinter einem Turmhaus gelangt man in die Via del Capitano. Links der **Palazzo del Capitano** (um 1300). Von hier kommt man zum **Dom**, dem wohl ehrgeizigsten Bauprojekt, an dem Giovanni und Nicola Pisano als Architekten und Bildhauer gearbeitet haben. Wie weit die Ambitionen gingen, wird an der Nordseite nur zu deutlich: Der alte Dom sollte 1339 als Querhaus in einen gewaltigen Neubau einbezogen werden. Die große Pest, eine Finanzkrise und letztlich auch statische Probleme haben 1348 dem ehrgeizigen Versuch, mit dem Duomo Nuovo die größte Kirche der Toskana zu errichten, ein Ende bereitet.

Die Treppe hinter dem Chor führt vorbei am **Battistero** und dem **Palazzo del Magnifico**, rechts über die Via dei Pellegrini wieder zurück zur Via di Città und links zur Loggia der Kaufleute. Vor der Säule mit dem Löwen steht der mächtige **Burgpalast der Tolomei**, Sienas ältester Familienpalast mit großem Portal und Spitzbögen über den rechteckigen Zwillingsfenstern (Anfang 13. Jh.).

Die Piazza Salimbeni wird gerahmt von drei gewaltigen Palästen, in der Mitte der **Palazzo Salimbeni** (14. Jh.), links der **Palazzo Tantucci** (1548) und rechts der **Palazzo Spannocchi**, 1473 von Giuliano da Maiano im Stil der Frührenaissance errichtet. Auf der Via Banchi di Sotto kommen Sie zum riesigen **Palazzo Piccolomini** (Nr. 52), erbaut nach Plänen von Bernardo Rossellino. Vorbild war der Florentiner Palast der Rucellai. Von hier aus sind es nur wenige Minuten zurück zur Piazza del Campo.
Dauer: 2–3 Std.

### ÜBERNACHTEN

**Relais la Suvera** ▶ S. 146, A 15
**Päpstliche Vorgeschichte** • Ehemals die Residenz Papst Julius' II., wurde die Anlage 1990 in ein wundervolles Hotel verwandelt. Die herrlichen Zimmer und Suiten, ausgestattet mit feinsten Antiquitäten, sind in den Stilrichtungen des 18. Jh. gehalten. Bibliothek, Spielsalon und Musiksaal stehen allen Gästen zur Verfügung. Ein traumhafter Park mit beheiztem Schwimmbad, ein vorzügliches Restaurant sowie ein Wohlfühlzentrum bieten Luxus pur. Frühstück inklusive.
Pievescola di Casole d'Elsa • Tel. 05 77 96 03 00 • www.lasuvera.it • 36 Zimmer • &#9855; • €€€€
27 km westl. von Siena

### Villa Scacciapensieri

▶ S. 101, nördl. c 1
**Traditionelles Familienhotel** • Wie der Name andeutet, eignet sich die auf einem Hügel gelegene alte Villa zum »Vertreiben sorgenvoller Gedanken«. Grandioser Garten, Pool, Tennisplatz und gutes Essen im **Ristorante Altri Tempi** (Mi geschl.). Frühstücksbüfett inklusive.

Via di Scacciapensieri, 10 • Tel. 0 57 74 14 41-2 • www.villascacciapensieri.it • 28 Zimmer, 3 Suiten • €€€

**Palazzo Ravizza** ▶ S. 101, a 3
**Zum Wohlfühlen** • Geräumige Zimmer in einem Palast des 17. Jh. und ein Garten zum Frühstücken (inkl.) in wundervoller Lage mit traumhaftem Blick über die Hügellandschaft.
Pian dei Mantellini, 34 • Tel. 05 77 28 04 62 • www.palazzoravizza.com • 38 Zimmer, 4 Suiten • €–€€€

### ESSEN UND TRINKEN
### RESTAURANTS UND TRATTORIEN

**Le Logge** ▶ S. 101, c 2
**Sieneser Institution** • Die Sieneser Küche hat Tradition bei Gianni Brunelli, und das schätzen viele Gäste.
Via del Porrione, 33 • Tel. 0 57 74 80 13 • www.osterialelogge.it • So geschl. • €–€€€

**All'Orto de' Pecci** &#9813;&#9813; ▶ S. 101, c 3
Innerhalb des Botanischen Gartens gibt es ein günstiges, sehr einfaches Lokal, in dem kein »pane e coperto« zu zahlen ist! Ein idealer Ort für die Kleinen, die auch an spannenden Kinderprogrammen teilhaben können. Im ersten Stockwerk werden in zwei ausgemalten Räumen mit einem gemütlichen Kaminfeuer die typischen »piatti senesi« serviert. Die Cooperativa Sociale (ONLUS) wählt ihre Tagesgerichte »cosa mangio oggi« (»was esse ich heute«) nach den Angeboten der Jahreszeiten aus. In den Sommermonaten wird im Freien gepicknickt und nach dem Essen mit Tieren gespielt.
Via di Porta Giustizia, 39 • Tel. 05 77 22 22 01 • Di–So 12.30–14.30, 19.30–22.30 Uhr • www.ortode pecci.it • €

Die Luxusherberge Relais La Suvera (▸ S. 104) logiert in den Räumlichkeiten einer ehemals päpstlichen Residenz. Zum Hotel gehört auch ein Feinschmeckerlokal.

## Osteria Boccon del Prete
▸ S. 101, b 3

**Rustikales Ambiente** • In Domnähe wird eine ausgewogene toskanische Küche serviert. Auf der Karte stehen interessante Fisch- und Pastagerichte. Via San Pietro, 17 • Tel. 05 77 28 03 88 • So geschl. • €

## La Torre
▸ S. 101, c 2

**Viele Einheimische** • Hier findet man oft nicht sofort einen Tisch. Warten lohnt sich aber, denn es gibt zu guten Preisen schmackhafte Gerichte. Via Salicotto, 7/9 • Tel. 05 77 28 75 48 • Do geschl. • €

## BARS, CAFFÈS, GELATERIE
**Bar Gelateria Nannini** ▸ S. 101, b 1

Der ältesten Bar Sienas hat Alessandro Nannini ein neues, aber kleineres Kleid verpasst. Einheimische halten am Namen »Il Monte« fest. Piazza Salimbeni

## Pasticceria Nannini ▸ S. 101, b 1/2

Auch hier weht der frische Wind von Alessandro: Der Prosecco-Cocktail »Conca d'Oro« (Goldene Muschel) ist noch immer das Highlight. Via Banchi di Sopra, 24

### EINKAUFEN
**Enoteca Italiana** ▸ S. 101, westl. a 1

Traditionell gute toskanische und allerfeinste Weine aus Italien. Inzwischen auch mit Restaurant. Fortezza Medicea, 1 • Tel. 05 77 22 88 42, Winebar 05 77 22 88 32, Lokal 05 77 24 71 21 • www.enoteca-italiana. it • Di–Sa 12–1, Mo 12–20 Uhr

## Gastronomia Morbidi
▸ S. 101, b 1/2

Seit dem Jahr 1925 verkaufen die Morbidis auf vier Etagen ihre Delikatessen. Wurstwaren und Pecorino sind aus eigener Produktion. Via Banchi di Sopra, 75

**SERVICE**

**AUSKUNFT**

**APT** ▶ S. 101, b 2/3
Via dei Termini, 6 • Tel. 0 57 74 22 09 •
www.terresiena.it

**Terre di Siena** ▶ S. 101, b 2
Piazza del Campo, 56 • Tel. 05 77 27
06 76 • www.terresiena.it

**FAHRRAD- UND MOTORROLLER-
VERLEIH**
**Autonoleggio Perozzi**
www.perozzi.it
– Via dei Gazzani, 16 •
Tel. 05 77 28 83 87 ▶ S. 101, nördl. a 1
– Via del Romitorio, 5 •
Tel. 05 77 28 08 39 ▶ S. 101, nördl. a 1

# Ziele in der Umgebung
## ◎ Abbazia di San Galgano
▶ S. 146, A 16

Zisterzienser haben das einsam gelegene Kloster 1218 zu Ehren des
hl. Galgano als Abtei gegründet. Von
ihrem einstigen Ruhm war bereits
Ende des 15. Jh. kaum mehr etwas
übrig. Heute empfängt den Besucher
ein 70 m langes Kirchenschiff, dessen
Boden Gras bedeckt und dessen feh-
lendes Dach den Blick in den Himmel freigibt. An Sommerabenden ist
der Raum stimmungsvolle Kulisse für
Konzerte. Erhalten sind Refektorium,
Kapitelsaal und Teile des Kreuzgangs.
Chiusdino • www.sangalgano.org
45 km südwestl. von Siena

## ◎ Massa Marittima ▶ S. 145, F 12
8770 Einwohner

Der in 380 m Höhe über der Maremma gelegene Ort besitzt eines der in-
taktesten Altstadtensembles der ganzen Toskana. Sehenswert ist neben der
Pinacoteca und dem Museo del Risorgimento (beide im Palazzo del Podestà) der romanische Dom mit der
grandiosen, von mittelalterlichen Palästen umgebenen Piazza Garibaldi.
67 km südwestl. von Siena

Schon von Weitem erkennt man die hoch aufragenden Geschlechtertürme von San
Gimignano (▶ S. 107). Sie sollten Schutz bei Übergriffen der Nachbarstädte gewähren.

◎ **Monteriggioni** ▶ S. 146, A 15

8600 Einwohner

Beeindruckendes, sehr gut erhaltenes Beispiel einer militärischen Siedlung. Sie erinnert daran, dass das Val d'Elsa jahrhundertelang Schauplatz blutigster Kriege zwischen Siena und Florenz war. Dante nannte die Festung den »Monte Reggion, der sich mit Türmen krönt«. Den mit 14 Tor- und Wachttürmen bestückten, 570 m langen, ovalen Mauerring ließ Siena 1203 als Vorposten gegen Florenz errichten. 25 km nordwestl. von Siena

### SEHENSWERTES
**Abbadia Isola** ▶ S. 146, A 15

Ava von Staggia stiftete im Jahr 1001 die einstige Zisterzienserabtei. Gut erhalten ist die romanische Klosterkirche **Santissimi Salvatore e Cirino** (11./12. Jh.), ein Musterbeispiel benediktinischer Baukunst der Romanik. Superstrada (Ausfahrt Monteriggioni)

### ESSEN UND TRINKEN
**Il Pozzo**

Rustikal • Seit über 40 Jahren betreiben Vittoria und Lucia das Il Pozzo. Lucia kocht nach alten toskanischen Rezepten, und ihre Pasta ist selbst gemacht. Im Sommer sitzt man im Garten oder auf der schönen Terrasse. Piazza Roma, 2 • Tel. 05 77 30 41 27 • www.ilpozzo.net • So abends, Mo geschl.

◎ **San Gimignano** 🌟 🎎

7100 Einwohner ▶ S. 145, F 10

Hier hat sich, wie sonst nirgends, das durch Türme bestimmte mittelalterliche Stadtbild erhalten. Sehenswert: **Sant'Agostino** (1280–1298) mit einem Freskenzyklus von Benozzo Gozzoli (1465–1466); die **Basilica di Santa Maria Assunta** mit Fresken

von Gozzoli und Domenico Ghirlandaio, das **Museo Civico** und die **Pinacoteca** (Palazzo Comunale/Torre Grossa; tgl. März–Okt. 9.30–19, Nov.–Feb. 10–17.30 Uhr; Eintritt 5 €). 37 km nordwestl. von Siena

---

### WUSSTEN SIE, DASS …

… sich die Patrizierfamilien bei feindlichen Angriffen in ihre prestigeträchtigen Wohntürme zurückzogen? Dort lebten sie im 14. Jh. beispielsweise in San Gimignano, dem »Manhattan« der Toskana.

---

### ÜBERNACHTEN
**Podere San Luigi**

Familiär • Bei der Renovierung des alten Steinhauses hat man toskanische Tradition und bequeme Einrichtung miteinander verbunden. Prächtige Mauern, alte Holzfenster und -türen sowie antike Steinfußböden blieben erhalten. Die schöne Grünfläche mit alten Bäumen, duftenden Rosen, einer Pergola und einem Pool versprechen Erholung pur. Annalinda gibt Ratschläge zur toskanischen Kochkunst, Mario bildet durch seine kommunikative Art den vollendeten Rahmen. Loc. Pancole Santo Spirito, 89 • Tel. 05 77 95 51 16 • www.podere sanluigi.it • 4 Apartments • € 7 km nordwestl. von San Gimignano

**Poderi Arcangelo**
▶ grüner reisen, S. 21

### SERVICE
#### AUSKUNFT
**Ufficio informazioni**

Piazza Duomo, 1 • Tel. 05 77 94 00 08 • www.sangimignano.it • März–Okt. 9–13, 15–19, Nov.–Feb. 9–13, 14–18 Uhr

## ◎ Volterra  ▸ S. 145, F 11

11 200 Einwohner

Diese 550 m hoch gelegene Etruskerstadt hat mittelalterliches Flair: Turmhäuser und Palazzi des 12./13. Jh. und die **Piazza dei Priori**. Von der etruskischen und römischen Vergangenheit erzählen Teile der Stadtmauer mit einem Tor aus dem 4. bis 3. Jh. v. Chr. sowie Reste des Amphitheaters aus dem 1. Jh. Sehenswert ist der **Dom** (frühes 12. Jh.). Interessant die Sammlung etruskischer Urnen und Sarkophage aus Alabaster, Terrakotta und Tuff im **Museo Etrusco Guarnacci** (Via Don Minzoni, 15). In der Pinakothek im **Palazzo Minucci-Solaini** (Via dei Sarti, 1) ist das großartige Gemälde der »Kreuzabnahme« (1521) von Rosso Fiorentino zu besichtigen.
Museo Etrusco und Pinacoteca:
16. März–1. Nov. tgl. 9–19, sonst
9–14 Uhr • Sammelkarte 8 €
50 km nordwestl. von Siena

### ÜBERNACHTEN
**Podere San Lorenzo**
▸ grüner reisen, S. 21

### SERVICE
**AUSKUNFT**
**Consorzio turistico di Volterra**
Valdicecina, Valdera, Piazza dei
Priori, 20 • Tel. 0 58 88 72 57 •
www.volterratur.it

## Pienza ❽  ▸ S. 146, C 16

2190 Einwohner

Pienza ist die mit Abstand kunstvollste, aber auch künstlichste Stadt der Toskana. Zu verdanken hat sie das Enea Silvio Piccolomini, der hier im Jahr 1405 zur Welt kam und sich später als Papst Pius II. einen humanistischen Traum erfüllte: Er beauftragte Bernardo Rossellino, das kleine Corsignano in erstaunlich kurzer Zeit – zwischen 1459 und 1462 – in eine Bischofsresidenz und ideale Renaissancestadt zu verwandeln. Vom Namen Pius abgeleitet, nannte man die Idealstadt fortan Pienza.

So hat man heute die einmalige Gelegenheit, auf der trapezförmig angeordneten und in rechteckige Felder unterteilten **Piazza Pio II** hautnah jenen Anspruch des italienischen Humanismus zu erleben, der den Menschen der Renaissance als Mitte und Maß aller Dinge begriff. Zwischen der Kirche, den beiden Palazzi und dem der Kirche gegenüberliegenden **Palazzo Comunale** spannt sich das feine Netz einer neuen Urbanität. Alberti hatte von der Stadt als einem »großen Haus« geschrieben, bei dem die Piazza zum öffentlichen Raum, zur »sala«, wird.

### SEHENSWERTES
**Duomo Santa Maria Assunta**

Die dreischiffige Kirche mit kurzem Querhaus, 1460 bis 1462 nach Plänen Bernardo Rossellinos errichtet, neigt sich so sehr an einen Abhang, dass sich trotz Substruktionen der Chor abgesenkt hat. Im Giebel erkennt man das päpstliche Wappen. Dass man keine Basilika, sondern eine für italienische Verhältnisse recht ungewöhnliche Hallenkirche betritt, hat mit der Vorliebe des Bauherrn für deutsche Konstruktionen zu tun, die er auf seinen Reisen kennengelernt hatte.
Tgl. 7–13, 15–19 Uhr

**Palazzo Piccolomini**

Ebenfalls von Bernardo Rossellino 1460 bis 1462 nach dem Vorbild des Palazzo Rucellai (Florenz) von Alberti erbaut, ist dieser Palast horizontal durch Gebälk und vertikal durch

Die Piazza dei Priori in Volterra (▶ S. 108) mit dem Palazzo Pretorio und dem ältesten Kommunalpalast der Toskana, Vorbild für den Palazzo Vecchio in Florenz.

Pilaster gegliedert. Drei übereinander liegende Loggien nehmen die Süd- bzw. Gartenseite des Palastes ein. Sie geben den Blick auf den Monte Amiata und die Hügel des Orcia-Tals frei.
Piazza Pio II • Tel. 05 78 74 83 92 • 15. März–15. Okt. Di–So 10–18.30, 16. Okt.–14. März Di–So 10–13, 14–16.30 Uhr • Eintritt 7 €

### Palazzo Vescovile und Museo Diocesano

Es ist vor allem die Fensterform, die bei der Fassade dieses Palastes an römische Vorbilder wie beispielsweise den Palazzo Venezia denken lässt. Auftraggeber war Rodrigo Borgia, der spätere Papst Alexander VI.
Im Palast neu eingerichtet wurde das **Museo Diocesano** mit einem Kreuz (1430) aus der Werkstatt von Goro di Ser Neroccio und dem Mantel (Pluviale) von Papst Pius II.

Corso Rosselino, 30 • Tel. 05 78 74 99 05 • 16. März–1. Nov. Mi–Mo 10–13, 15–19, 2. Nov.–15. März Sa, So 10–13, 15–18 Uhr • Eintritt 4,10 €

### Pieve di Corsignano

Ein schöner Weg führt zur romanischen Pfarrkirche aus dem 8. Jh., in der Papst Pius II. getauft wurde. Der zylindrische Turm aus dem 11. Jh. wurde erst später zum Glockenturm umgebaut. Interessante Verzierungen zieren das Eingangsportal.
1 km vom westl. Stadttor

### Romitorio ♟♟

Die sehenswerte, in Tuffstein gehauene Einsiedelei nicht weit vom Stadtzentrum ist stilistisch schwer einzuordnen, scheint aber größtenteils aus dem 14. Jh. zu stammen.
Besichtigung auf Anfrage: Agriturismo Cretaiole • Tel. 05 78 74 83 78

### SPAZIERGANG

Auf die Empfehlung eines ganz bestimmten Rundwegs werden Sie in diesem kleinen Ort gewiss nicht angewiesen sein. Mit einem Blick sind alle Kostbarkeiten zu erfassen: die Krümmung der Hauptstraße, verblüffende Durchblicke auf eine faszinierende Landschaft, kein Autoverkehr, der daran hindert, stehen zu bleiben, um die Ruhe und Strenge der idealen Proportionen von Architektur und Raum auf sich wirken zu lassen.

Noch etwas anderes wird man überrascht zur Kenntnis nehmen: Die schräg zueinander stehenden **Palazzi Piccolomini** und **Vescovile** (Bischofspalast) vermitteln dem Betrachter, von der Mittelachse des Doms blickend, den Eindruck, als befände sich der Fluchtpunkt hinter diesem »Raumbild«. Diese »umgekehrte Perspektive« verstärkt die monumentale Wirkung der Platzanlage.
Dauer: 1–2 Std.

### ÜBERNACHTEN
#### Il Chiostro di Pienza

**Gepflegte Klosteridylle** • Ausgesprochen gepflegtes Hotel in einem ehemaligen Kloster. Die geschmackvoll eingerichteten Zimmer, das beschauliche Flair am Pool und die großartigen Blicke von der Terrasse auf eine herrliche Hügellandschaft sind beispiellos in Pienza. Im Restaurant **La Terrazza del Chiostro** (Tel. 05 78 74 81 83) bereitet Maurizio Abbate Gaumenfreuden der toskanischen Küche.
Corso Rossellino, 26 • Tel. 05 78 74 84 00 • www.relaisilchiostrodipienza. com • 37 Zimmer • €–€€

#### Locanda Vesuna  ▸ S. 146, C 16

**Haus der Göttin** • Die Natur leben! Diese drei Worte stehen für diesen »göttlichen« Ort. Ist es die herrliche Landschaft mit weiten Blicken ins Val d'Orcia oder die Nähe der einzigartigen Städte Montepulciano und Pienza, die den Schauspieler Marco Columbro bewegten, den erhöht liegenden Hof nach allen Regeln architektonischer Kunst und nach strengen baubiologischen Grundsätzen auszubauen? All seine Anstrengungen tragen Früchte. Für eine biologisch ausgewogene Ernährung sorgt das Restaurant mit fantasievoll angerichteten Speisen. Und über allem steht Vesuna, die antike etruskische Göttin des Wohlergehens.
Trequanda, Podere Pecorile, Loc. Sant' Ambrogio • Tel. 05 77 66 53 18 • www. locandavesuna.com • 8 Zimmer • €€
17 km nördl. von Pienza

#### Piccolo Hotel La Valle

**Familiäre Atmosphäre** • Das Hotel liegt nur etwa 150 m von der Piazza entfernt. Die Einrichtung ist eher schlicht, mit den in der Toskana typischen Eisenbettgestellen. Schönes Panorama, Terrasse, Parkplatz, ideal für Reisende mit eigenem PKW. Frühstücksbüfett inklusive.
Via Circonvallazione, 7/Int. 3 • Tel. 05 78 74 94 02 • www.piccolohotel lavalle.it • 15 Zimmer • ♿ • €

### ESSEN UND TRINKEN
#### Caffè della Volpe

**Hübsche Lokalität** • In seinem etwas versteckt gelegenen Caffè mit begrünter Terrasse hält Paolo Minati viele Leckereien (»spuntini«) bereit.
Via delle Case Nuove, 7 • tgl. 8–19 Uhr • €

#### Osteria Sette di Vino

**Einfach und rustikal** • Caterina und Luciano bewirten ihre Gäste mit

kleinen, feinen Gerichten aus der großen »cucina toscana«, im Sommer auch auf der sonnigen Piazza.
Piazza di Spagna, 1 • Tel. 05 78 74 90 92 • Do–Di 12–14.30, 19.30–21.30 Uhr • €

### Taverna di Moranda

**Typisch toskanisches Wirtshaus** • Man verlässt gut gesättigt und zufrieden diese Trattoria, wenn Massimo seine Kochkünste unter Beweis stellt. Die Gerichte stammen aus der Region, manchmal verfeinert und abgewandelt. Die Pasta entsteht in der eigenen Küche, die köstlichen Desserts zaubert seine Frau Françoise.
Monticchiello, Via di Mezzo, 17 • Tel. 05 78 75 50 50 • www.taverna dimoranda.it • Fr geschl. • €
10 km südöstl. von Pienza

### Trattoria da Fiorella

**Gerichte aus Frauenhand** • Neue Besitzer mit »altem« Namen. Mutter Fiorella und Schwägerin Paola bereiten eine »cucina casalinga«, natürlich mit selbst gemachter Pasta.
Via Condotti, 11 • Tel. 05 78 74 90 95 • Mi geschl. • €

#### EINKAUFEN

Die Geschenkartikelbranche bei Naturprodukten boomt. Man sollte allerdings genau prüfen, ob diese wirklich aus Pienza stammen!

### Ceramica di Linda Bai

Nach alter Tradition handgefertigte und bemalte Keramik, kunstvolle Vasen, Teller in allen Größen und Formen mit wunderschönem Dekor. Selbst ein Badezimmer lässt sich mit den Kacheln von Linda gestalten.
Via Gozzante, 33 • Tel. 05 78 74 95 07 • www.ceramicabai.it

### Club delle Fattorie/La Cornucopia

Alles, was gut schmeckt, qualitätsvoll ist und zudem aus italienischen Regionen kommt, wird ins Warenangebot aufgenommen. Bestellung auch per Katalog oder online möglich.

Beim Rundgang auf Pienzas Stadtmauer (▸ S. 108) hat man einen tollen Ausblick.

Piazza Martiri della Libertà, 2 • Tel. 05 78 74 81 50 und 05 78 74 84 19 • www.emporiofattorie.com

### Fattoria Buca Nuova

3 km außerhalb von Pienza stellt die Familie Cugusi noch traditionell den hier bekannten Pecorino her. Direktverkauf im »caseificio«.
Via 1. Maggio, 4 • Tel. 05 78 74 83 50 • www.fattoriabucanuova.com

### La Fiera del Cacio

Bekannte Käsemesse, in der »Hauptstadt« des »cacio pecorino«.
1. Sa und So im Sept.

**Mercato Biologico**

Auf diesem Markt werden ausschließlich biologische Produkte gehandelt.

Piazza Galletti • 1. So des Monats
9–19 Uhr

**SERVICE**

**AUSKUNFT**
**Ufficio turistico**
Corso Rosselino • Tel. 05 78 74 90 71,
05 78 74 83 59 • www.ufficioturistico
dipienza.it

## Ziele in der Umgebung

### ◎ Abbazia di Monte Oliveto Maggiore ▸ S. 146, C 16

In Buonconvento verlässt man die SS 2, um zur imposanten Anlage der Abtei zu gelangen. Drei weltmüde Sieneser Adlige haben im Jahr 1313 dieses Mutterhaus des olivetanischen Ordens gegründet. Der Kreuzgang ist mit Fresken aus dem Leben des hl. Benedikt geschmückt. Gemalt haben sie Luca Signorelli (1497–1498) und Sodoma (1505–1508).

Asciano • tgl. 9.15–12.30, 15.15–
18.45 (Sommer) bzw. 17.30 Uhr
(Winter) • Eintritt frei
30 km nordwestl. von Pienza

### ◎ Bagno Vignoni ▸ S. 146, C 16

Ein 49 x 29 m großes Schwimmbecken mit Thermalwasser steht in Bagno Vignoni dort, wo man sich gut und gerne den Marktplatz vorstellen könnte. Benannt ist das Becken nach der hl. Katharina von Siena, die in dieser Vasca di Santa Caterina im Jahr 1362 mit ihrer Mutter gebadet haben soll. Schon zu römischer Zeit schätzte man die warmen Quellen des beschaulichen Dorfes. Heute gibt es wohltuenden Ersatz im Thermalbecken des Hotels **La Posta Marcucci** (Via Ara Urcea 43; Tel. 0577 88 71 12;

www.hotelpostamarcucci.it), in dem auch Tagesgäste willkommen sind. Berühmt hat diesen Ort übrigens ein Film gemacht: Der russische Regisseur Andrej Tarkowski drehte hier 1983 den Film »Nostalghia«.

15 km südwestl. von Pienza

### ◎ Giardino dei Tarocchi 🌟 ▸ S. 150, B 24

Lässt in Collodi der Pinocchio-Park die Herzen von Jung und Alt höher schlagen, so ist es in Capalbio der Giardino dei Tarocchi – ein gelungenes Beispiel des »neuen Tourismus«, der Ruhe und Schönheit der Natur nicht zerstört hat. Die Künstlerin Niki de Saint Phalle hat sich als Schöpferin der dicken, bunten »Nanas« einen Namen gemacht. In ihrem fantasievollen Skulpturenpark zwischen den grotesken Figuren eines Tarockspiels umherzulaufen macht viel Spaß. Die 22 farbenfrohen Figuren aus Stahl und Zement stehen für Bilder des Wahrsagespiels Tarock.

Capalbio • www.nikidesaintphalle.
com • April–Okt. tgl. 14.30–19.30 Uhr •
Eintritt 10,50 €, erm. 6 €, Kinder frei
115 km südl. von Pienza

**ESSEN UND TRINKEN**

**I Pescatori** ▸ S. 150, A 23

**An der Lagune** • Fangfrische Fisch-Spezialitäten, nach alten Rezepten der Fischer und von Fischern gekocht, bei atemberaubender Sonnenuntergangsstimmung auf dem Dock oder in gemütlicher Atmosphäre im Restaurant der alten spanischen Festung, das ist sicher einmalig in der Toskana. Wenn man gemeinsam mit den anderen Hungrigen das Lokal stürmt, weil alles so herrlich frisch und gut schmeckt, kann das auch schon mal an Kirmesstimmung erinnern.

Orbetello, Via Leopardi, 9 • Tel. 05 64
86 06 11 • www.ipescatori.it • €
23 km westl. von Capalbio

◎ **Montalcino**  ▶ S. 146, B 16
5190 Einwohner

Hervorragender Wein, der Brunello
di Montalcino, hat den Bekanntheitsgrad des Ortes noch erhöht. In der
**Azienda Agricola Casanova di
G. Neri** gibt es neben prämierten
Weinen auch exzellentes Olivenöl,
ausgezeichnete Marmeladen und
Grappa di Brunello. Weinproben ab
fünf Personen nach Voranmeldung
(Loc. Fiesole; Tel. 05 77 83 44 55; www.
casanovadineri.com; auch Agalturis-
mo mit zwei Gästewohnungen: La
Capanna und Fiesolino).
24 km westl. von Pienza

**SEHENSWERTES**

**Abbazia di Sant'Antimo** 🔟
  ▶ S. 150, B 21

Keine 10 km südlich von Montalcino
steht inmitten von Olivenhainen auf
einer Wiese diese eindrucksvolle,
wohl von Karl dem Großen gegründete Benediktinerabtei. Zu besichtigen ist die Hauptkirche (12. Jh.), in
deren Inneren man auf eine einzigartige Schönheit trifft. Fantasievoll
und fein gearbeitete Kapitelle krö-
nen die Säulen von Langhaus und
Chor. Es entsteht der Eindruck, als
sei die Zeit an diesem zauberhaften
Ort stehen geblieben.
Via Borgo di Mezzo, 64 • www.antimo.
it • Mo–Sa 10.30–12.30, 15.30–
18.30, So, feiertags 9.15–10.45 Uhr
10 km südl. von Montalcino

◎ **Monte Amiata**  ▶ S. 150, C 21

Ein erloschener, 1738 m hoher Vul-
kan und der schönste Aussichtspunkt des südlichen Toskana. Auf
dem Weg dorthin kommt man an
dem 822 m über dem Meer gelegenen
Städtchen **Abbadia San Salvatore**
und dem gleichnamigen Benediktinerkloster mit seiner ungewöhnlichen Saalkirche und Krypta vorbei.
**Piancastagnaio** lockt wenig später
mit einem zinnengekrönten Turm.
22 km südl. von Pienza

◎ **Montepulciano**  ▶ S. 146, C 16
14 000 Einwohner

Montepulciano ist eine der schönsten Städte der Toskana, und sein
Wein ist vorzüglich. Doch vor allem
das Engagement für die Musik hat
den Namen in aller Welt bekannt gemacht. Der deutsche Komponist Hans
Werner Henze hat 1976 das Musik-
festival »Cantiere dell'Arte« ins Leben gerufen. Durch die Mitwirkung
vieler Einwohner und einer Teilfinan-
zierung der Musikwerkstatt durch
die Kommune entstand ein Beispiel
lebendiger, volksnaher Kultur.
13 km östl. von Pienza

**SEHENSWERTES**

**Madonna di San Biagio**

Sich selber in die Mitte der Welt rü-
ckend, fasziniert den Menschen der
Renaissance alles, was sich seinem
prüfenden Auge von einem Zentrum
aus harmonisch darbietet. Die Wall-
fahrtskirche Madonna di San Biagio,
1518 bis 1540 von Antonio da Sangallo d. Ä. unweit von Montepulciano
erbaut, ist ein über dem Grundriss
eines griechischen Kreuzes errich-
teter Zentralbau. Auf geometrische
Formen reduziert, beeindruckt dieses Gotteshaus aufgrund der Reinheit seiner Formensprache und der
fantastischen Lage in der Landschaft.
San Biagio (ca. 1 km südwestl. unterhalb der Stadtbefestigung)

Wie ein Adlerhorst thront das mittelalterliche Pitigliano (▶ S. 119) auf einem
Vulkanfelsen. Natur und Stadtbaukunst
bilden eine bemerkenswerte Einheit.

# Touren und
## Ausflüge

Beschwingte Reise durch das »Weinreich« des Chianti,
in die Welt der Etrusker und Erkundung der reizvollen
Inseln Giglio und Elba auf den Spuren Napoleons.

# Ins Land des Chianti – Wo Wein und Öl in Strömen fließen

**CHARAKTERISTIK:** Idylle pur, das Chianti für den Genießer **DAUER:** 1–2 Tage **LÄNGE:** 250–300 km **EINKEHRTIPPS:** La Cantinetta di Rignana, Greve, Via di Rignana, 7, Tel. 0 55 85 26 01, Di geschl. € • Ristorante Albergaccio, Castellina in Chianti, Via Fiorentina, 63, Tel. 05 77 74 10 42, www.albergacciocast.com, Di, Mi Mittag, So geschl. € **KARTE ▶ S. 146, B 15**

Von **Siena** aus führt Sie die SS 222, die »Chiantigiana«, über Querciagrossa und vorbei an **Fonterutoli** (mit vorzüglichem Wein) nach **Castellina in Chianti**. Hier werden Sie im Restaurant **Albergaccio** ganz ausgezeichnet bewirtet. Es gibt eine ganze Reihe von Spezialitäten, ein vegetarisches Menü und eines für Allergiker. Küchenchefin Sonia bringt gut zubereitete, glutenfreie Gerichte auf den Restauranttisch.

## Radda ▶ Greve

Nicht ganz 14 km weiter erreicht man **Radda**. Diese ganz der Landwirtschaft gewidmete Ortschaft mit etwa 1600 Einwohnern ging bereits 1203 von den Grafen Guidi an Florenz über. Im Landhotel etruskischen Ursprungs **Il Borgo di Vescine** (Loc. Vescine; Tel. 05 77 74 11 44; www.il borgodivescine.com) lässt es sich in traumhafter Lage mit Swimmingpool wunderbar entspannen.

Nur wenige Kilometer sind es bis zur **Badia Coltibuono**, einer imposanten, 1058 geweihten Abtei der Vallombrosianer. Sie ist heute ein bedeutendes Weingut. Um nach Radda zurückzukommen, kann man einen kleinen Umweg über **Gaiole** machen. Links der Straße, ca. 2,5 km von Gaiole, liegt das **Castello Meleto**, eines der wenigen Beispiele für ein befestigtes Landgut des Mittelalters. Sie sind hier inmitten der für das Gebiet des Chianti

so typischen Landschaft: hügelig, mit Weingärten und Olivenhainen und den charakteristischen vereinzelten oder zu einer Allee streng formierten dunklen Zypressen.

Wir bleiben auf der Straße nach Siena, biegen nach etwa 4 km in Richtung Radda rechts ab und passieren **Ama**, wo ein hervorragender Wein produziert wird (Fattoria di Ama).

Zurück in Radda geht es links nach der Ortsausfahrt in die Staatsstraße Richtung Florenz und Greve. Nach wenigen Kilometern kommt rechts eine kleine Straße, die zum schön gelegenen mittelalterlichen Ort **Volpaia** hinaufführt. Er ist bekannt für die Weinproduktion des Castello di Volpaia. Von hier sind es noch 7 km bis **Panzano**. An der Piazza Bucciarelli, 25, hält Mimmo Baldi in seiner Enoteca neben einer hervorragenden Auswahl an Weinen kleine Gerichte mit hiesigen Spezialitäten bereit.

Gleich gegenüber liegt das Hotel **Villa Sangiovese** (Tel. 0 55 85 24 61; www. villasangiovese.it) mit Schwimmbad. Haben Sie Lust, hier ein paar Tage zu verweilen, können Sie alternativ dazu auch in der **Fattoria Montagliari** unterkommen (Strada Chiantigiana; Tel. 0 55 85 20 14; www.montagliari.it; 5 Zimmer, 3 App., ♿ €). Ein Gut mit Geschichte, das David Migliorini vor Jahren übernommen hat. Als reiner Familienbetrieb hat jeder seine Aufgabe innerhalb der Fattoria. Mutter und Schwiegertochter wirken in der Küche (Mo geschl.) und zaubern die guten toskanischen Gerichte, die in der warmen Jahreszeit im Freien aufgetischt werden. Mit dem Erwerb von selbst gemachten Delikatessen, Weinen und toskanischem Olivenöl nimmt man wunderbare Ferienerinnerungen mit nach Hause.

Die nächstgrößere Ortschaft auf der Chiantigiana Richtung Florenz ist **Greve**, das im Herzen des Gallo Nero liegt und für seine Märkte bekannt ist.

### Greve ▶ Certaldo

Wir ändern nun unsere Richtung und fahren westlich über Montefioralle zur **Badia a Passignano**, einer gewaltigen, während des Mittelalters überaus reichen Abtei (Besichtigung So 15–17.30 Uhr). Zum Agriturismo **Casale la Selva** geht es weiter nach **Tavernelle Val di Pesa**. Hier findet man alles, was das Herz begehrt: gutes Essen, schöne Spazierwege, einen Pool und gemütliche Übernachtungsmöglichkeiten (Strada Greve, 10, Loc. Badia a Passignano; Tel. 05 58 07 10 90; www.casalelaselva.it).

Dann verlassen wir das Chianti-Gebiet und fahren zunächst weiter über Barberino Val d'Elsa nach **Certaldo**. Dies ist die Geburtsstadt von Giovanni Boccaccio, Autor des »Decamerone«. Sein Grab befindet sich im Mittelschiff der Kirche **Santissimi Michele e Jacopo**. Sehenswert sind auch der **Palazzo del Vicario** sowie der **Palazzo Strozzi Ridolfi**.

Auf der Rückfahrt nach Siena kommen wir zunächst nach **San Gimignano** mit seinen weithin sichtbaren Geschlechtertürmen und dann über Poggibonsi am Mauerring von **Monteriggioni** vorbei. Auch hier beeindrucken toskanische Stadtgeschichte und Landschaft. Über die SS 2 ist man dann rasch zurück in Siena.

Die Weinregion des Chianti steht ganz im Zeichen hochwertiger Rebensorten: Weingut bei Greve (▶ S. 117) mitten im Herzen des Chianti-Gebietes.

# Ins Land der Etrusker – Auf den Spuren einer alten Kultur

**CHARAKTERISTIK:** Etruskergräber, Schwefelquellen und eine großartige Küche
**DAUER:** 3–8 Tage; die Gräber sind z. T. nur bei Führungen zu besichtigen **LÄNGE:**

400–500 km **EINKEHRTIPP:** L'Antico Convento, Loc. Monte Pozzali, Massa Marittima, Tel. 05 66 91 94 10, www.anticoconvento.it €–€€
**KARTE ▶ KLAPPE VORNE UND S. 146, B 15–S. 150, A 24**

Diese Tour beginnt in **Siena**. Auf der SS 223 geht es hinunter bis Ponte Macereto. Hier biegen wir ab und erreichen nach 14 km Monticiano. Zurück auf der SS 73 Richtung Siena kommt nach wenigen Kilometern das Bivio di Madonnino, wo wir in die SS 441 links einbiegen.

Kurz danach weist ein Schild auf den Weg links nach **San Galgano**. Obwohl nur als Ruine erhalten, ist die Abtei eine der schönsten Beispiele zisterziensischer Gotik in Italien. Das Oratorium wurde nach dem Tod des hl. Galgano im Jahr 1180, die gotische Kapelle Anfang des 14. Jh. auf dem Montesiepi errichtet. Die Fresken im Innern sind von Ambrogio Lorenzetti (ca. 1334).

Abbazia di San Galgano ▶
Monte Argentario

Weiter führt uns die SS 441 über Palazzetto, Boccheggiano und Gabellino Richtung **Massa Marittima** bis zur SS 439, auf der wir nach wenigen Kilometern die alte Bergbaustadt erreichen. Von hier geht es auf der SS 439 weiter hinunter zur Küste nach Follònica und hier (rechts abbiegend) auf der SS 1, der Via Aurelia, ins ca. 18 km entfernte Venturina; danach links in die SS 398 einbiegend nach **Populonia**, oberhalb der zauberhaften Bucht von Baratti mit mittelalterlichem Kastell gelegen. Unterhalb des Orts befindet sich eine große Nek-

ropole mit Grabkammern aus dem 8. bis 1. Jh. v. Chr. Zurück über die SS 1 bis Grilli, fahren wir rechts ab nach **Vetulonia**, einem mittelalterlichen Ort, der auf den Ruinen der Etruskerstadt Vetluna erbaut wurde. Zur Besichtigung dem Schild »tombe etrusche« folgen! So gelangt man zu den Gräbern und Nekropolen (Tomba della Pietrera, Tomba del Diavolino). Über Buriano und das nahe gelegene **Grosseto** kommen wir nach Talamone, das am Südende des Naturparks »Parco Naturale della Maremma« liegt. Weiter südlich (SS 1), kurz vor Albinia, lohnt ein Abstecher zur Halbinsel **Monte Argentario**.

Über eine Nehrung, das Mittelmeer zur Rechten und die Lagune zur Linken, geht es weiter nach **Porto Santo Stefano** und **Port'Ercole** mit einer sehenswerten Altstadt. Über das schöne Städtchen **Orbetello** inmitten der Lagune fahren wir wieder ein Stück zurück nach Albinia und nehmen die SS 74 ins Inland bis Manciano (ca. 33 km), bis es linker Hand nach **Saturnia** abgeht.

Saturnia ▶ Pitigliano

Hier kann man sich zum Nulltarif in den von der Natur geformten Becken unter natürlichen Wasserfällen tummeln oder im eleganten Hotel Terme di Saturnia absteigen. In der Nähe, in **Montemerano**, im etwas versteckt in der Via Canonica, 3, gelegenen Restaurant **Da Caino**, einem der besten Italiens, sollten Liebhaber leiblicher Genüsse die Küche von Valeria Piccini und ihres Sohnes Andrea sowie die Gastfreundschaft ihres Mannes, Maurizio Menichetti, auf die Probe stellen. Vieles aus der eigenen Produktion wird auch zum Mitnehmen angeboten (Tel. 05 64 60 28 17; www.dacaino.it; Mi, Do Mittag geschl. €€).

Über eine kurvenreiche Straße, vorbei an Capanne und San Martino sul Fiora, geht die Reise weiter durch dichte Laubwälder nach **Sovana** [10]. Als etruskisches Suana hat dieses lange Straßendorf seinen Ursprung. Ein herrlicher Ort, um länger zu verweilen und bei Spaziergängen die Gräber Tomba Ildebranda aus dem 3./2. Jh. v. Chr., Tomba del Sileno, Tomba del Tifone und Tomba della Sirena (Scilla) aufzusuchen.

Eine wirklich feine Adresse ist der **Albergo Scilla** in Sovana. Von hier kann man wunderbare Ausflüge machen und zum Kuren ins 20 Min. entfernte Saturnia fahren (15 Zimmer, Frühstücksbüfett, Garten und Parkplatz €). Das angeschlossene Lokal **Dei Merli** bietet vegetarische und toskanische Menüs (Via R. Siviero, 1/3, Sovana/Gr.; Tel. 05 64 61 65 31; www.scilla.sovana.eu; Di und Feb. geschl.). Auch die **Taverna Etrusca** in Sovanas Altstadt ist ein geeigneter Ort für klassische, wiederentdeckte Gerichte der Toskana und der Maremma (Piazza del Pretorio, 16; Tel. 05 64 61 61 83; 10–23.30 Uhr; Mi geschl.; 5 schöne Zimmer €).

Das wehrhafte **Sorano** [10] erreicht man nach ca. 18 km. Noch gewaltiger ist **Pitigliano** [10], das sich über den tiefen Schluchten von Meleta und Lente erhebt. Sehenswert ist dort der Palazzo Orsini (Beginn 13. Jh.).

**Pitigliano ▶ Siena**

Weiter geht es dann über Semproniano auf die SS 323 und dann nach Arcidosso. Es lohnt ein Abstecher in den reizvollen Ort **San Quirico d'Orcia** und je nach Lust und Laune auch einer nach **Sant'Antimo** [9] und **Montalcino**. Von hier sind es auf der SS 2 dann noch ca. 30 km bis Siena.

Sehr schön ist auch der Weg von Arcidosso über Seggiano und Castiglione d'Orcia nach **Bagno Vignoni**.

Die Abtei Sant'Antimo (▶ S. 113) zählt zu den Highlights einer Toskanareise.

Ein paar Kurtage im **Hotel Posta Marcucci** (gute Küche und hauseigener Thermenpool) mit wunderbarem Blick in die Landschaft können guttun (Tel. 05 77 88 71 12; www.hotelpostamarcucci.it ♿). Hauptanziehungspunkt im Ort ist das große Thermalbecken mit den schwefelhaltigen heißen Dämpfen, in dem schon Lorenzo de Medici badete.

# Zu den Inseln Giglio und Elba – Toskanische Perlen im Mittelmeer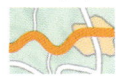

**CHARAKTERISTIK:** Baden, Tauchen, Segeln an traumhaften Küsten, Wandern in faszinierenden Landschaften **DAUER:** 2–5 Tage **LÄNGE:** ca. 100 km **EINKEHR-TIPP:** Ristorante da Luciano am Scaglieri-Strand, Golfo di Biodola, Tel. 05 65 96 99 52, www.ristorantedalucianoportoferraioelba.it, Mi geschl. € **AUSKUNFT:** APT dell'Archipelago Toscano, Calata Italia, 43, Portoferraio, Tel. 05 65 91 46 71, www.apt elba.it, April–Sept. Mo–Sa 9–19, So 9.30–12.30, 15–18, sonst 10–13, 14.50–16.50 Uhr. Infos zu organisierten Ausflügen bei Pro Loco, Via Provinciale, 9, Giglio, Tel. 05 64 80 94 00, Sommer 9–13, 15–19, Winter 9–13 Uhr, www.isoladelgiglio.biz **KARTE ▶ S. 121**

14 km vom Festland entfernt liegt die 23 qkm große **Isola del Giglio**, die Lilieninsel, deren Naturschönheiten gut in Tagesausflügen zu bewundern sind. Wollen Sie die Insel auf dem Rücken eines Esels erkunden, quartieren Sie sich in **Pardini's Hermitage** ein. Die sympathischen Hotelbesitzer, Barbara und Federigo, machen es möglich. Nur mit einem Boot oder einem Felsstufenaufstieg (1 1/2 Std.) erreicht man ihr idyllisches Hotel: Loc. Cala degli Alberi (Tel. 05 64 80 90 34; www.hermit.it).

**Piombino ▶ Elba**

An Attraktionen reicher ist **Elba**. Von Piombino aus braucht man ca. eine Stunde zur 223,5 qkm großen Insel. Die höchste Erhebung, der **Monte Capanne** (1018 m), ist ein beliebtes Ausflugsziel. In **Portoferraio**, einem schönen alten Hafenstädtchen, verlocken gute Weine und kleine Spezialitäten in der **Enoteca Gustavino** in der Via Carducci.

Gut gesättigt geht die Fahrt dann weiter auf der Straße über der Steilküste nach **Marciana Marina**. Von dort aus sei den Wanderfreudigen der einstündige, steile Aufstieg über Treppen und Felder zum **Santuario della Madonna del Monte** (627 m) empfoh-

len. Zur Weiterfahrt nehmen wir die Küstenstraße zu dem touristischen Marina di Campo und fahren über Lacona bis hinauf nach **Capoliveri**, einem hübschen Dorf. Im Süden, an der Punta Calamita, ist ein Magnetitbergwerk zu besichtigen.

Zum Flaneur werden kann man in den Straßen von **Porto Azzurro**. Planen Sie ein Picknick, besorgen Sie sich in der **Pasticceria Dulcissimo** die einzigartigen »millefoglie«, »schiaccia briaca« oder köstliche »biscotti«, alles aus der Hand von Simone. Auch eine nachgebaute Mine will erkundet werden. Erwachsene und Kinder besteigen dazu den »trenino delle miniere«. Viele Mineralienarten sind im **Museo dei Minerali Alfeo Ricci** in Capoliveri zu bewundern. Wer in den aufgelassenen Erzgruben selbst danach schürfen will, hat im Sommer dazu Gelegenheit.

Zurück in Portoferraio lohnt sich, auch wenn sich im Ägyptischen Saal der Schriftzug Napoleons »Ubicumque Felix Napoleo« – »Napoleon ist überall glücklich« – als Fälschung erwies, die Besichtigung seiner Sommerresidenz **Villa San Martino**. Einen Besuch wert ist auch die **Villa dei Mulini-Museo Napoleonico**.

**Elba**

N

0        6 km

Tyrrhenisches Meer

Tyrrhenisches Meer

Piombino

Capo Castello

Capraia, Gorgona, Livorno

Capo Vita

Capo d'Enfola

Sant' Andrea

Patresi Mare

Chiessi

Pomonte

Fetovaia

Punta Fetovaia

Secchetto

Cavoli

Vallebuia

.592

Monte Giove
855

Madonna†
del Monte

Marciana
Alta

Sant' Ilario
in Campo

San Piero
in Campo

Monte
Capanne
1018

Monte
Perone
630

San Lorenzo

Poggio

Marciana
Marina

Monte
Capo d'Enfola
135

Le Chiaie

Portoferraio

Acquaviva

Viticcio

Golfo di Viticcio

Golfo di
Procchio

Golfo d.
Biodola

La Biodola

Campo
all' Aia

Scaglieri

Bivio Bona

Procchio

Monte Castello
227

La Pila

Cavo

Miniera di
Rialbano

Monte Serra
422

Santuario
di Santa Caterina

Rio Marina

Rio nell' Elba

Monte
Strega
428

Nisporto

Bagnaia

394

Volterra
†
Magazzini

Cima del Monte
.516

.268

Monte Castello

Madonna di
Monserrato

Santo Stefano·390
alle Trane

.98

Bivio Mola

Porto Azzurro

Mola

Laghetto
di Terranera

Capo d'Arco

Barbarossa

Forte Focardo

Fattoria
Ripalte

Costa†
dei Gabbiani

Miniera del
Ginepro

Punta
Calamita

Monte
Calamita
413

Calamita

Naregno

Capoliveri

Morcone

Pareti

Madonna
delle Grazie

Golfo Stella

Golfo
della
Stella

Capo
della
Stella

Lacona

Golfo di
Lacona

Capo
di Poro

Golfo
di Campo

Marina
di Campo

La Foce

Monte
Tambone
379

Madonna†
delle Neve

Colle 370
Reciso

Santa Lucia

San
Martino

San
Giovanni

Villa Romana
delle Grotte

Acquabona

Promontoro

Monte Regna

Capo Bianco

Villa Romana

Capo
della
Stella

© MERIAN-Kartographie

Toskana-Impressionen wie aus dem
Bilderbuch: Zypressenalleen führen
nicht selten zu bekannten Weinbauern
im Land des Chianti (▶ S. 116).

# Wissenswertes
## über die Toskana

Nützliche Informationen für einen gelungenen Aufenthalt: Fakten über Land, Leute und Geschichte sowie Reisepraktisches von A bis Z.

# Auf einen Blick

**Mehr erfahren** über die Toskana – Informationen über Land und Leute, von Bevölkerung über Politik und Sprache bis Wirtschaft.

**AMTSSPRACHE:** Italienisch
**EINWOHNER:** 3,61 Mio.
**FLÄCHE:** 22 990 qkm
**GRÖSSTE STADT:** Florenz,
368 178 Einwohner
**HÖCHSTER BERG:** Monte Prado
(2054 m)
**INTERNET:** www.regione.toscana.it
**RELIGION:** Römisch-katholisch
**WÄHRUNG:** Euro

## Bevölkerung

In der Region Toskana liegt die Bevölkerungsdichte im Durchschnitt bei 157 Einw./qkm. Am dichtesten besiedelt ist die Provinz Prato (673 Einw./qkm), mit weitem Abstand folgen die Provinzen Pistoia (298 Einw./qkm), Livorno und Florenz mit je 278 Einw./qkm. In den Provinzen Siena und Grosseto fällt die Bevölkerungsdichte mit 81 bzw. 50 Einw./qkm am geringsten aus, wobei das in den Städten natürlich anders aussieht. So leben in Florenz etwa 3800 Menschen auf einem Quadratkilometer. Die Geburtenrate ist seit geraumer Zeit rückläufig; man kann von einer tendenziellen Überalterung der Region sprechen.

## Lage und Geografie

Die Toskana grenzt im Norden an die Regionen Ligurien und Emilia Romagna, im Osten an die Marken, im Südosten an Umbrien und an das südlich gelegene Latium. Die belieb-

◀ Wird es in der Bar zu eng und zu warm, nutzt man in Florenz (▶ S. 37) gerne auch die Straße am Arnoufer.

testen Reiseziele sind das Chianti-Gebiet zwischen Florenz und Siena, die Maremma im Süden und die Etruskische Riviera zwischen Livorno und Grosseto. Sehr reizvoll ist auch die Landschaft des Mugello, die sich nördlich von Florenz bis zu den Apuanischen Alpen erstreckt. Das Toskanische Archipel umfasst neben Elba (224 qkm) als der drittgrößten Insel Italiens auch die kleineren Inseln Capraia, Pianosa, Giannutri, Isola del Giglio und Gorgona.

## Politik und Verwaltung

Florenz ist die Hauptstadt der Toskana und Verwaltungszentrum der gleichnamigen größten Provinz mit 977 088 Einwohnern. Ihr folgen die Provinzen Pisa (405 883 Einw.), Lucca (387 058 Einw.), Arezzo (342 367 Einw.) und Livorno (339 340 Einw.) und weiter Pistoia (287 415 Einw.), Siena (266 291 Einw.), Prato (245 742 Einw.), Massa-Carrara (202 435 Einw.) und Grosseto (223 429 Einw.).

Nach den Wahlen 2009 zum Europaparlament und zu den Verwaltungen der Provinzen und Gemeinden erweist sich die traditionell linke Toskana immer noch als eine der letzten Bastionen der Mitte-Links-Parteien. Mit zum Teil erheblichem Abstand konnte man das Bündnis der Freiheit (Silvio Berlusconis »Polo della Libertà«) hinter sich lassen.

Von einer Gleichberechtigung der Geschlechter in Politik und Verwaltung ist man auch in der Toskana weit entfernt. Allerdings stieg der Anteil der Frauen in politischen Ämtern (Regionalparlament, Gemein-de- und Stadtratsmitglieder) auf durchschnittlich 23 %. So sind von den 64 Abgeordneten im Regionalparlament 16 Frauen. Von den insgesamt 300 Bürgermeistern sind gerade mal 44 Frauen und davon keine in einem größeren Ort.

## Religion

Der Anteil protestantischer und jüdischer Einwohner ist in der Toskana verschwindend gering, sodass man von einer durch und durch katholisch-religiös geprägten Gesellschaft sprechen kann. Hingegen steigt die Anzahl muslimischer Einwanderer in letzter Zeit beständig an.

## Sprache

Für den florentinischen und alle übrigen toskanischen Dialekte ist besonders das aspirierte »h« nach Konsonanten auffällig. Die lateinischen Eigenschaften des Florentiner Dialekts finden sich auch im modernen Italienisch.

## Wirtschaft

Die wichtigsten Wirtschaftszweige in der Toskana sind der Tourismus, der Weinanbau und die Olivenölproduktion. Zu den bekanntesten Weinen zählen neben dem Chianti die Nobelmarken Ornellaia, Sassicaia und Brunello di Montalcino. Zentrum der Textilindustrie ist Prato; Livorno und Piombino sind die bedeutendsten Gebiete der Eisenverarbeitung und Stahlproduktion, und die Apuanischen Alpen liefern jährlich an die 500 000 Tonnen des begehrten Marmors. Der Anteil der Beschäftigten im Dienstleistungsbereich liegt bei ca. 60 %, in der Industrie arbeiten 35 %, nur 5 % in der Landwirtschaft. Die Arbeitslosenquote beträgt ca. 5 %.

# Geschichte

**800–600 v. Chr.**

Blütezeit der Etrusker. Gründung des Zwölfstädtebundes mit bedeutenden Zentren in der Toskana: Arezzo, Chiusi, Cortona, Fiesole, Populonia, Roselle, Vetulonia und Volterra.

**396 v. Chr.**

Zerstörung von Veji (nördlich von Rom). Beginn der Eroberung Etruriens durch die Römer.

**281 v. Chr.**

Etrurien kommt völlig unter römische Herrschaft.

**59 v. Chr.**

Gründung der »colonia florentia« (Florenz) durch Veteranen der römischen Legionen.

**31 n. Chr.**

Die Toskana wird als Etruria zum VII. römischen Verwaltungsbezirk.

**395**

Teilung des Römischen Reichs; Einfälle von Goten, Vandalen, Byzantinern führen dessen Ende herbei.

**568–774**

Langobarden-Herrschaft in der Toskana; Residenzstadt ist Lucca und von 1056 an wieder Florenz.

**1115**

Markgräfin Mathilde vermacht ihre Besitzungen einschließlich der Toskana dem Heiligen Stuhl; Beginn der jahrzehntelangen Kämpfe zwischen Kaisern und Päpsten um das Erbe, begleitet von regionalen Zwistigkeiten zwischen Kaisertreuen (Ghibellinen) und Papsttreuen (Guelfen).

**12./13. Jh.**

Kriegerische Auseinandersetzungen zwischen den Städten der Toskana um die wirtschaftliche und politische Macht in der Region.

**1260**

Am 4. September vernichtende Niederlage der Florentiner gegen Siena in der Schlacht bei Montaperti. Über 10 000 Florentiner fallen, Tausende geraten in Gefangenschaft.

**1282**

Florenz: Der Adel wird entmachtet, die Zünfte stellen die Regierung.

**1284**

Genua vernichtet Pisas Seemacht.

**1284/1333**

In Florenz (3. Stadtmauer) und im Umland (Ausbau der Festungsstädte »terre murate«) wird die Herrschaft des Volkes gegen die Kaisertreuen (Ghibellinen) gesichert.

**1300**

Spaltung der Florentiner Guelfen in »Weiße« und »Schwarze«.

**1302**

Vertreibung der Weißen, unter ihnen Dante Alighieri. Im Exil in Arezzo, Pisa und Siena verbünden sie sich mit den Ghibellinen.

**1348**

Die Pest wütet unter der Bevölkerung.

**1378**

Niederschlagung des Aufstands der Wolltucharbeiter, die eine demokratische Stadtverfassung gefordert hatten.

**1406**

Die Florentiner erobern Pisa.

**1434**

Beginn einer (bis auf zwei kurze Unterbrechungen) 300-jährigen Medici-Herrschaft.

**1469–1492**

In der Amtszeit von Lorenzo il Magnifico (der Prächtige) wird Florenz Zentrum des kulturellen und geistigen Lebens in Italien.

**1494**

Vertreibung der Medici durch Savonarola, der bis zu seiner Hinrichtung 1498 Florenz regiert.

**1512**

Die Medici kehren zurück und werden erneut (1527–1530) vertrieben.

**1550**

Florentiner Truppen erobern Siena.

**1569**

Cosimo I. Großherzog der Toskana.

**1737**

Das Geschlecht der Medici stirbt aus. Die Nachfolge fällt an das Haus Habsburg-Lothringen.

**1765–1790**

Regentschaft von Pietro Leopoldo (Großherzog der Toskana, der spätere Kaiser Leopold II.): Das Land entwickelt sich zu einem beispielhaften Staat des aufgeklärten Absolutismus.

**1801**

Im Frieden von Luneville wird die Toskana dem Haus Bourbon-Parma zugesprochen und zum Königreich Etrurien erklärt.

**1807**

Toskana und Florenz werden durch Napoleon mit Frankreich vereint.

**1860**

Referendum in der Toskana bringt Anschluss an das Königreich Italien.

**1865–1871**

Florenz ist Hauptstadt des Königreiches Italien. König Viktor Emanuel II. residiert im Palazzo Pitti, bevor er nach Rom umzieht.

**1946**

Italien wird Republik.

**1948**

Beschluss zur Bildung der Regionen, von denen sich die meisten, auch die Toskana, erst 1970 etablieren.

**1966**

Verheerende Überflutungen durch den Arno, u. a. in Florenz.

**1986**

Florenz ist »Kulturhauptstadt« der Europäischen Gemeinschaft.

**1991**

Umbenennung der Kommunistischen Partei Italiens (PCI) in Linksgerichtete Demokratische Partei (PDS).

**2000**

Regionalwahlen: Mehrheit des Mitte-Links-Bündnisses unter Leitung von Claudio Martini.

**2009**

Das Motto »Eins, Zwei, Drei TRAM-VIA« erhitzt noch immer die Gemüter, doch seit dem 14. Februar können die Florentiner die Linie Nummer 1 besteigen, die jetzt regelmäßig fährt.

# Sprachführer Italienisch

**Wichtige Wörter und Ausdrücke**

ja – sì [sí]

nein – no [nó]

danke – grazie [grázie]

bitte – per favore [per fawore]

gern geschehen – prego [prégo]

Wie bitte? – prego/come? [prégo/kóme]

Ich verstehe nicht. – non capisco [non kapísko]

Entschuldigung – scusa, scusi [skúsa, skúsi]

Hallo – ciao [tscháo]

Guten Morgen/Guten Tag – buon giorno [buón dschórno]

Guten Abend – buona sera [buóna séra]

Auf Wiedersehen – arrivederci [arriwedértschi]

Ich heiße … – mi chiamo … [mi kiámo]

Ich komme aus … – (io) vengo da … – [(ío) wéngo da]

– Deutschland. – Germania. [dschermánia]

– Österreich. – Austria. [aústria]

– der Schweiz. – Svizzera. [swízzera]

Wie geht's? – Come va? [kóme wá]

Danke, gut. – Bene, grazie. [béne, grázie]

wer, was, welcher – chi, (che) cosa, quale [kí, (ké) kósa, kuále]

wann – quando [kuándo]

wie viel – quanto [kuánto]

wie lange – per quanto tempo [per kuánto témpo]

Sprechen Sie deutsch/englisch? – Parla tedesco/inglese? [Párla tedesko/inglése]

heute – oggi [ódschi]

morgen – domani [dománi]

gestern – ieri [iéri]

**Zahlen**

eins – uno [úno]

zwei – due [dúe]

drei – tre [tré]

vier – quattro [kuáttro]

fünf – cinque [tschínkue]

sechs – sei [séi]

sieben – sette [sétte]

acht – otto [ótto]

neun – nove [nówe]

zehn – dieci [diétschi]

einhundert – cento [tschénto]

**Wochentage**

Montag – lunedì [lunedí]

Dienstag – martedì [martedí]

Mittwoch – mercoledì [merkoledí]

Donnerstag – giovedì [dschiowedí]

Freitag – venerdì [wenerdí]

Samstag – sabato [sábbato]

Sonntag – domenica [doménika]

**Unterwegs**

rechts – destra [déstra]

links – sinistra [sinístra]

geradeaus – diritto [dirítto]

Wie weit ist es nach …? – Quanto è distante …? [kuánto é distánte]

Wie kommt man nach …? – Come si arriva a …? [kóme si arríwa a]

Wo ist … – Dove è … [dowe é]

– die nächste Werkstatt? – l'officina più vicina? [l'offitschína piú vitschína]

– der Bahnhof? – la stazione? [la stazióne]

– der Flughafen? – l'aeroporto? [l'aeropórto]

– die Touristeninformation? – l'informazione turistica? [l'informazióne turístika]

– die nächste Tankstelle? – il distributore di benzina più vicino? [il distributóre di benzína]

Bitte volltanken! – Pieno per favore!
[piéno per fawóre]

bleifrei – senza piombo/benzina
verde [sénza piómbo/benzína
wérde]

Wir hatten einen Unfall. –
Abbiamo avuto un incidente.
[abbiámo awúto ún intschidénte]

Wo finde ich … – Dovo trovo …
[dówo trówo]

– einen Arzt? – un medico?
[un médiko]

– eine Apotheke? – una farmacia?
[una farmatschía]

Eine Fahrkarte nach … bitte! –
Per favore, un biglietto per …!
[per fawóre, un biliétto per]

## Übernachten

Ich suche ein Hotel. – Cerco un
albergo. [tschérko un albérgo]

Ich suche ein Zimmer für …
Personen. – Cerco una camera
per … persone. [tschérko una
kámera per … persóne]

Haben Sie noch Zimmer frei … –
C'è ancora una camera libera …
[Tsche ankóra una kámera líbera]

– für eine Nacht? – per una notte?
[per una nótte]

– für zwei Tage? – per due giorni?
[per due dschiórni]

– für eine Woche? – per una
settimana? [per una settimána]

Ich habe ein Zimmer reserviert. –
Ho prenotato una camera.
[o prenotáto una kámera]

Wie viel kostet das Zimmer … –
Quanto costa la camera …
[kuánto kósta la kámera]

– mit Frühstück? – con prima colazione? [kon príma kolazióne]

– mit Halbpension? – con mezza
pensione? [kon mézza pensióne]

Ich nehme das Zimmer. –
Sì, la prendo. [sí, la préndo]

Kann ich mit Kreditkarte zahlen? –
Posso pagare con la carta di
credito? [pósso pagáre kon la
kárta di krédito]

Ich möchte mich beschweren. –
Vorrei reclamare una cosa
[worrei reklamáre uná kósa]

funktioniert nicht – non funziona
[non funzióna]

## Essen und Trinken

Die Speisekarte bitte! – Il menu,
per favore! [il menú, per fawóre]

Die Rechnung bitte! – Il conto,
per favore! [Il kónto, per fawóre]

Ich hätte gern … – Vorrei …
[worréi]

Auf Ihr Wohl! – Cincin! [tschin-
tschin]

Wo finde ich die Toiletten (Da-
men/Herren)? – Dove trovo il
bagno (donne/uomini)? [dowe
trowo il banjo (dónne/uómini)]

Kellner/-in – cameriere/-a
[kameriére/-a]

Frühstück – prima colazione
[príma kolazióne]

Mittagessen – pranzo [pránzo]

Abendessen – cena [tschéna]

## Einkaufen

Wo gibt es …? – Dove c'è …?
[dowe tsche]

Haben Sie …? – Ha …? [À]

Wie viel kostet …? – Quanto
costa …? [kuánto kósta]

Das ist zu teuer. – Costa troppo.
[kósta tróppo]

Das gefällt mir/gefällt mir nicht. –
Questo mi piace/non mi piace.
[quésto mi piátsche/nón mi
piátsche]

Ich nehme es. – Lo prendo.
[lo préndo]

geöffnet/geschlossen – aperto/
chiuso [apérto/kiúso]

# Kulinarisches Lexikon

**A**

acquacotta – »gekochtes Wasser« – Gemüsesuppe mit Brot und Ei

animelle – Kalbsbries

anitra/anatra all'arancia – Ente mit Orangen

arista – Schweinskarree

arrosto – am Spieß gegart

– morto – »toter Braten« – im Topf mit Öl und Knoblauch gebraten

asparagi alla fiorentina – grüner gekochter Spargel mit geriebenem Käse in Butter und einem Spiegelei

**B**

baccalà – Stockfisch

baccelli – junge Saubohnen

berlingozzi – Karnevalsgebäck

biadina – Cocktail aus Lucca

biroldo – Blutwurst

bischeri – süße Teigröllchen

biscotti di Prato – Mandelkekse

bistecca alla fiorentina – Steak eines jungen Rindes mit Knochen

bollito misto – verschiedene gekochte Fleischsorten

borlotti – Bohnenkerne

braciola – Kotelett

brigidini – hauchdünnes Anisgebäck

bruschetta – Bauernbrot geröstet, mit Knoblauch und Öl

brutti e buoni – »hässlich-gute« Nussmakronen

buccellato – süßes Brot mit Anis und Rosinen (Hefekranz)

**C**

cacciucco – Fischsuppe

caciotta – frischer Schafkäse

cannellini – weiße Bohnen

cantucci – Mandelgebäck

cappelletti – gefüllte Teighütchen

capretto – Zicklein

carciofi – Artischocken

carpaccio – rohe Rindfleischscheiben mit Öl, Zitronensaft und Parmesan

castagnaccio – Kastanienmehlfladen

cavallucci – Gebäck mit Nüssen

cavolo – Kohl

– con le fette – Kohlbrote

cervello – Hirn

chianina – Rinderrasse

chiocciole – Schnecken

cibreo – Hühnerragout (Leber, Nieren, Kämme)

cinghiale – Wildschwein

coniglio – Kaninchen

copata – eine Art »torrone« (Nougat) aus Honig, Nüssen, Anis

coratelle – Innereien

crostini – geröstete Brotschnitten (meist mit Hähnchenleberfarce)

**F**

fagioli all'uccelletto – weiße Bohnen in Tomatensauce mit Salbei

faraona – Perlhuhn

farro – Dinkel

fave – Saubohnen

fegatelli alla toscana – Schweineleber mit Knoblauch und Lorbeerblatt, im Schweinenetz gegart

fegatini – Hühnerleber

fettunta – geröstete Brotscheibe mit Öl

finocchiona – Wurst mit Fenchelsamen

francesina – Siedfleischpfanne

frantoiana – Gemüsesuppe, die mit dem Spitzen-Olivenöl aus Lucca gekocht wird

frattaglie – Geflügel-Innereien

fritto fiorentino – frittiertes Gemüse (auch Fleisch) nach Florentiner Art

frittura – ausgebackene Speisen

fruttini – Mandelgebäck aus Livorno

**G**

ghirighio – Kastanienkuchen
ginestrata – süße Creme

**L**

lampredotto – Kutteln
laudemio – exzellentes Olivenöl
aus dem Anbaugebiet des Rufina
lepre – Hase
lombata – Lende, Filet
lumache – Schnecken

**M**

maiale ubriaco – mit Chianti
übergossenes Schweinekotelett
mantovana – lockerer Kuchen
(aus Prato)
marzolino – frischer Schafkäse
meringa – Baiser (Torte)
mostarda toscana – Senffrüchte,
in Wein und Traubensaft

**N**

necci – Gebäck aus Kastanienmehl
nodino di vitello – Kalbskotelett

**O**

ossi di morto – Gebäck
ossobuco – Kalbshaxenscheibe

**P**

pancetta – gerollter Bauchspeck
pandiramerino – Rosmarinbrot
pane senza sale – typisch toskanisches Landbrot ohne Salz
panforte – Pfefferkuchentorte
panna cotta – »gekochte« Sahne
panzanella – Brotsalat
pappa al pomodoro – Tomatensuppe
pappardelle alla lepre – sehr breite
Bandnudeln mit Hasenragout
pesce – Fisch
pinzimonio – Salatsauce aus Olivenöl, Salz, Pfeffer
polpetta – Fleischklößchen
porchetta – Spanferkel

**R**

ramerino – Rosmarin
ribollita – wieder aufgekochte
Gemüsesuppe
ricciarelli – weiches Mandelgebäck
rognoni – Nieren
rosticini – Fleischspieße vom Grill

**S**

salame di cinghiale – Wildschwein-
wurst
saraceno – Buchweizen
schiacciata all'uva – flacher Trau-
benkuchen (meist aus Hefeteig)
scottiglia – Fleischtopf
semifreddo – halb gefroren
soppressata – Schwartenmagen
(Presssack)
spezzatino – Gulasch (oft vom Kalb)
stracotto alla fiorentina – gespick-
ter, in Chianti-Wein geschmorter
Rinderbraten
stufatino – geschmortes Rindfleisch

**T**

tordelli – Ravioli
toscanelli – Bohnenkerne
triglie alla livornese – Meerbarben
nach Livorneser Art
trippa alla fiorentina – Kutteln nach
Florentiner Art (mit Tomaten)

**V**

Vin Santo – Dessertwein

**Z**

zenzero – Ingwer (aber in der
Toskana – Pfefferschoten)
zonzelline – ausgebackene (frittier-
te), kleine längliche Brötchen
zuccotto toscano – halb gefrorener
Biskuit-Creme-Kuchen
zuppa alla frantoiana – Brotsuppe
mit Bohnen und Kräutern
zuppa inglese – Nachtisch aus Bis-
kuit, Likör, Creme und Früchten

# Reisepraktisches von A–Z

## ANREISE

### MIT DEM AUTO

Anschnallen sowie das Mitführen einer Warnweste ist Pflicht. Temposünden und Alkohol am Steuer sowie Telefonieren während des Fahrens werden streng geahndet. Es gilt auch tagsüber Lichtpflicht.

Für die Transitländer Österreich und Schweiz benötigt man Vignetten. In Italien ist die Autobahn kostenpflichtig, Schnellstraßen und »superstrade« (SS), z. B. Florenz–Siena, sind kostenlos. Mit der Viacard ersparen Sie sich das Warten an Zahlstellen.

Die Hauptroute durch Österreich führt über Innsbruck und den Brennerpass nach Verona, Modena, Bologna und Florenz. Die Schweiz durchquert man via San Bernardino oder Gotthardtunnel, dann über Chiasso und Mailand nach Modena. Wer direkt an die Küste will, biegt von der Autobahn Mailand–Modena ab auf die A15 Richtung La Spezia.

### MIT DER BAHN

Über Basel ist Mailand, über Kufstein München Umsteigeziel. Ankunft im Bahnhof **Santa Maria Novella** (Florenz) oder **Campo di Marte** (Pisa).

### MIT DEM FLUGZEUG

**Aeroporto A. Vespucci, Firenze**
Tel. 05 53 06 15

**Aeroporto Galileo Galilei, Pisa**
Tel. 0 50 84 93 00

Auf www.atmosfair.de und www.myclimate.org kann jeder Reisende durch eine Spende für Klimaschutzprojekte für die $CO_2$-Emission seines Fluges aufkommen.

## AUSKUNFT

### IN DEUTSCHLAND, ÖSTERREICH UND DER SCHWEIZ

**Italienische Zentrale für Tourismus ENIT**

– Neue Mainzer Str. 26, 60311 Frankfurt am Main • Tel. 0 69/23 74 34 • www.enit-italia.de
– Kärntner Ring 4, 1010 Wien • Tel. 01/5 05 16 39 • www.enit.at
– Uraniastr. 32, 8001 Zürich • Tel. 0 43/4 66 40 40 • www.enit.ch

### IN DER TOSKANA

**Turismo e vacanze in Toscana**
www.turismo.intoscana.it

**Agenzia per il Turismo (APT)**

Die Adressen der APT-Zweigstellen finden Sie bei den Orten im Kapitel »Unterwegs in der Toskana«

## BUCHTIPPS

**Adriana Silvestri: Magische Momente in Florenz** (La Mandragora, 1999) Dieses schön illustrierte Reisetagebuch bietet eine etwas andere Auseinandersetzung mit der Geschichte.
**Magdalena Nabb: Eine Japanerin in Florenz** (Diogenes, 2006) Die 2007 in Florenz verstorbene britische Autorin lässt in ihrem 13. Kriminalroman den Carabinieri Maresciallo Guarnaccia den Tod der schwangeren Akiko lösen. **Vita Nuova** (Diogenes, 2008), der letzte Roman der Autorin, spielt im Umland von Florenz.
**Andreas Schlüter: Achtung, Zeitfalle** (dtv Junior, 1999) Der Computerkrimi verspricht ein spannendes Leseabenteuer über Florenz für Kinder und Jugendliche.
Außerdem ist zur Toskana ein **MERIAN-Magazin** erhältlich (2010).

## DIPLOMATISCHE VERTRETUNGEN
**Konsulat der Bundesrepublik
Deutschland** ▸ Klappe hinten, a 2
– Florenz, Lungarno Vespucci, 30 •
Tel. 0 55 29 47 22 • Mo–Fr 9.30–
12.30 Uhr

### Konsulat der Republik Österreich
▸ Klappe hinten, a 2
Florenz, Lungarno Vespucci, 58 •
Tel. 05 52 65 42 22, 0 55 58 35 00 •
Mo–Fr 10–12 Uhr

### Konsulat der Schweiz
▸ Klappe hinten, südl. b 6
Florenz, c/o Hotel Park Palace, Piaz-
zale Galileo, 5 • Tel. 0 55 22 24 34 •
Di–Fr 16–17 Uhr

## FEIERTAGE
**1. Jan.** Neujahrstag
(»Capodanno«)
**6. Jan.** Dreikönigsfest
(»Epifania di Gesù«)
**Ostern** (»Pasqua«)
**25. April** Jahrestag der Befreiung
(»Anniversario della Liberazione«)
**1. Mai** Tag der Arbeit
(»Festa del Lavoro«)
**15. Aug.** Mariä Himmelfahrt
(»Ferragosto«)
**1. Nov.** Allerheiligen
(»Festa di Ognissanti«)
**8. Dez.** Mariä Empfängnis
(»Immacolata Concezione«)
**25. Dez.** Weihnachten (»Natale«)

## GELD

| | |
|---|---|
| 1 € | 1,47 SFr |
| 1 SFr | 0,67 € |

Öffnungszeiten der Banken: Mo bis Fr
8.20 bis 13.20 und mit kleinen Abwei-
chungen von 14.35 bis 16.30 Uhr. Fast
alle bieten einen Bancomatservice.

## INTERNET
**www.toskana-online.de**
Reiseinfos auf Deutsch.
**www.ilnavicello.it**
Dampferfahrt auf dem Arno in Pisa.
**www.parchivaldicornia.it**
Überreste eines frühmittelalterlichen
Dorfes bei Rocca di San Silvestro.
**www.elba-online.com,
www.aptelba.it**
Streifzug durch die Macchia oder alte Gassen, Teilnahme an einem Wall-
fahrtstag oder auf Napoleons Spuren.
**www.ctpb.it**
Die Zukunft hat alte Wurzeln: 1983
wurde die Koordination Biologischer
Toskanischer Produkte gegründet.
**www.cioccolosita.it**
Drei Tage Schokoladenfest in Monsummano Terme.
**www.renaioli.it**
In historischen Barken auf dem Arno
schippern und den Florentiner Ponte
Vecchio vom Wasser aus bestaunen.
**www.biodomenica.it**
Der Bio-Sonntag wird auf mehr als
100 Plätzen in der Toskana gewürdigt.

## KASSENZETTEL
Achten Sie bei Einkäufen darauf, dass
man Ihnen den »scontrino fiscale«
aushändigt. Bei Kontrollen durch die
**Guardia di Finanza** können Sie noch
an der nächsten Straßenecke aufgefor-
dert werden, den Beleg vorzuzeigen.

## KUREN
Balneotherapien mit und ohne Fan-
go, Schlammbäder gegen Rheuma,
Trinkkuren bei Blasen-, Nieren-,
Magen- und Darmleiden, Inhalation
bei Atembeschwerden. Infos bei:
**Terme di
– Bagni di Lucca**
Piazza San Martino, 11 •
Tel. 0 58 3 87 22 1

**– Bagni di San Filippo**
Via San Filippo • Tel. 05 77 87 29 82;
Juni–Okt.
**– Bagno Vignoni**
Piazza del Moretto •
Tel. 05 77 88 73 65
**– Chianciano**
Via delle Rose • Tel. 0 57 86 81 11
**– Grotta Giusti**
Monsummano Terme, Via Grotta
Giusti, 1411 • Tel. 0 57 29 07 71
**– Montecatini**
Informationsbüro: Viale Verdi, 41 •
Tel. 05 72 77 81
**– San Casciano dei Bagni**
Via del Giardino • Tel. 05 78 58 02 23
**– Terme di Antica Querciolaia**
Rapolana Terme/Si, Via Trieste, 22 •
Tel. 05 77 72 40 30 • www.termeaq.it

### MEDIZINISCHE VERSORGUNG
#### KRANKENVERSICHERUNG

Die Vorlage einer Europäischen
Krankenversicherungskarte (EHIC)
ist ausreichend. Als zusätzlicher Ver-
sicherungsschutz empfiehlt sich der
Abschluss einer Auslandskranken-
versicherung, da diese Krankenrück-
transporte mitversichert.

#### KRANKENHAUS

Jede Stadt oder größere Gemeinde –
u. a. Florenz, Pisa und Siena – hat
mindestens eine Klinik (»clinica«)
oder ein Krankenhaus (»ospedale«).
Diese sind mit dem internationalen
Symbol eines weißen H auf blauem
Grund gekennzeichnet.

#### APOTHEKEN

Apotheken sind in der Regel Mo–Sa
9–12 und 16–19 geöffnet und an einem roten oder grünen Kreuz auf
weißem Hintergrund erkennbar. Das
Schild »turno« verweist auf Apotheken mit Notdienst.

### MUSEEN, VILLEN UND GÄRTEN

Verständlich der Ärger, wenn man
vor schon oder noch verschlossenen
Museumstüren steht. Leider ändern
sich in Italien die Zeiten (mehrmals
jährlich) bedingt durch den Wechsel
der Jahreszeiten oder aus Personal-
mangel. Die »biglietterie« (Karten-
verkaufsstellen) schließen in der Regel 1/2, 1 oder 1 1/2 Stunden vor den
angegebenen Zeiten. Erfragen Sie
stets die ermäßigten Eintrittspreise
(Personen bis 18 und über 65 Jahre
haben freien Eintritt in alle staatlichen Museen). Auch wenn nicht extra erwähnt, achten Sie auf Kombina-
tions- und Sammel-Eintrittskarten
(»biglietti cumulativi«), die in allen
Städten angeboten werden.
Interessante Orte von besonderem
kunstgeschichtlichen Wert in Florenz
und der näheren Umgebung, die ansonsten Touristen verschlossen bleiben, können So von 15–18 Uhr (mit
Führung) besichtigt werden. Infos:

#### APT-Florenz
▸ Unterwegs in der Toskana, S. 56

#### Assessorato alla Cultura
Florenz, Via Ghibellina, 30 • Tel.
05 52 62 59 82 • www.comune.fi.it
(arte e cultura) • Mo, Mi, Fr 8–14, Di,
Do 8–14, 14.30–17.30 Uhr

#### Musei dei Ragazzi
Nicht nur Kinder, sondern auch Erwachsene sind bei dieser Initiative der
Florentiner Kommune willkommen.
Didaktisch hervorragend sind die
Programme, etwa eine Tour zu Sehenswürdigkeiten und Geheimnissen
des Palazzo Vecchio (auf Deutsch).
Buchung: tgl. 9–18 Uhr • Tel. 05 52 76
82 24 • www.palazzovecchiomuseo
ragazzi.it.

## NOTRUF

**Euronotruf** Tel. 1 12
(Polizei, Feuerwehr, Rettungsdienst)

## POST

Die Briefkästen in Italien sind rot. Briefmarken erhält man in allen Tabakläden und Postfilialen. Eine Postkarte nach Deutschland, Österreich und in die Schweiz kostet 0,65 €.

## REISEDOKUMENTE

Deutsche, Österreicher und Schweizer können mit einem gültigen Reisepass oder Personalausweis (Identitätskarte) einreisen. Kinder unter 16 Jahren müssen im Pass eines Elternteils eingetragen sein oder benötigen einen Kinderausweis.

## REISEKNIGGE

Was schwer in deutsche Köpfe zu bringen ist: Der Cappuccino, ein Kaffee mit aufgeschäumter Milch und mit einem Hauch Kakao bestäubt, gehört auf den Frühstückstisch, zum Nachmittagskuchen oder als Getränk zwischendurch. Die Italiener nehmen ihn nie nach einem Mittag- oder Abendessen zu sich, er ist nicht verdauungsfördernd.

In Italien wird mäßig, doch regelmäßig Alkohol konsumiert. Über den Durst trinken und unangenehm auffallen sollte man tunlichst vermei-

## NEBENKOSTEN
B an der Bar • T auf der Terrasse/am Tisch

| | |
|---|---|
| 1 Caffè/Espresso | 0,90–1,10 €B/ |
| | 1,50–3,00 €T |
| 1 Cappuccino | 1,00–1,30 €B/ |
| | 2,50–4,00 €T |
| 1 Bier | 2,50–3,00 €B/5,00–6,00 €T |
| 1 Cola | 2,50–3,00 €B/5,50–6,00 €T |
| 1 Panino/belegtes Brötchen | 2,80–4,00 |
| 1 Schachtel Zigaretten | 3,40–5,00 |
| 1 Liter Benzin | ab 1,45 € |
| Öffentl. Verkehrsmittel (Einzelfahrt) | 1,20–2,00 € |
| Mietwagen/Tag | ab 50,00 € |

den. Allen Rauchern sei empfohlen, sich an das strikte Rauchverbot in allen öffentlichen Gebäuden, Bars, Restaurants und Cafés zu halten.

Nacktbaden ist generell nicht erlaubt, »oben ohne« eigentlich auch nicht, wird aber zunehmend geduldet, da sich auch die Italienerinnen häufiger so zeigen. Die neueste Bademode zeigt man am besten am Strand, nicht aber beim Bummel in den Städten. Handymusik oder -klingeln in Restaurants ist störend. Zum Telefonieren verlässt man aus Rücksicht den Raum.

## REISEWETTER

Ideale Reisemonate sind Mai, September und Oktober, wenn die Tage

| Mittelwerte | JAN | FEB | MÄR | APR | MAI | JUN | JUL | AUG | SEP | OKT | NOV | DEZ |
|---|---|---|---|---|---|---|---|---|---|---|---|---|
| Tages-temperatur | 8 | 10 | 14 | 19 | 23 | 28 | 31 | 30 | 26 | 19 | 13 | 9 |
| Nacht-temperatur | 2 | 3 | 6 | 9 | 13 | 16 | 19 | 19 | 16 | 12 | 7 | 3 |
| Sonnen-stunden | 4 | 4 | 5 | 7 | 9 | 9 | 11 | 9 | 8 | 6 | 4 | 3 |
| Regentage pro Monat | 9 | 7 | 8 | 8 | 9 | 6 | 3 | 4 | 6 | 9 | 11 | 9 |

angenehm warm und die Nächte kühl sind. November und März sind unberechenbar, Dezember, Januar und Februar können empfindlich kalt sein (-12 °C sind dabei keine Seltenheit!). Der Juni ist ideal, um mit kleineren Kindern zu verreisen, im Juli und August können die Temperaturen bis auf 40 °C klettern.

## STROM

Für elektrische Geräte wird in seltenen Fällen ein Steckeradapter benötigt.

## TELEFON

### VORWAHLEN

D, A, CH ▶ Italien 00 39
Italien ▶ D 00 49
Italien ▶ A 00 43
Italien ▶ CH 00 41

Telefonieren mit einer »scheda telefonica« ist einfach: Telefonkarte im »tabacchi« kaufen, perforierte Ecke abbrechen und auf Verfallsdatum achten. Für längere Gespräche nutzt man am besten die Apparate der Postämter. Die Ortsvorwahl muss immer, ob im eigenen Fernsprechbereich oder aus dem Ausland, mit einer »0« gewählt werden. Beispiel: innerhalb von Florenz 0 55, aus der Bundesrepublik 00 39/0 55.

Vom Mobiltelefon (»cellulare«) werden Gespräche ohne die Null angewählt. Wer Handykosten sparen möchte, besorgt sich im Telefonladen eine italienische Prepaid-Karte. Besitzer eines Mts müssen wissen, dass das GSM-System das gesamte Land umfasst. Von Bedeutung sind auch die internationalen Roaming-Abkommen zwischen dem eigenen nationalen Netzbetreiber und den entsprechenden italienischen Gesellschaften (www.tariftip.de).

## TIERE

Hunde und Katzen benötigen zur Einreise einen EU-Heimtierausweis (stellt der Tierarzt aus) mit Nachweis einer Tollwutimpfung. Das Tier muss durch einen Mikrochip oder – nur noch bis Juli 2011 akzeptiert – durch eine Tätowierung identifizierbar sein.

## VERKEHR

### AUTO

Mit dem Pkw sind auch die schönsten, verlassensten Winkel bequem zu erreichen. Kartenmaterial gibt das **Istituto Geografico Militare**, Florenz, Viale F. Strozzi, 14, heraus (auch erhältlich in guten örtlichen Buchhandlungen) oder der **Touring Club Italiano**, dessen Toskanakarte zu empfehlen ist. **Tankstellen** sind in der Regel werktags von 7.30/8–12.30/13 und von 14.30/15–19.30/20 Uhr geöffnet (auf Autobahnen rund um die Uhr); die meisten akzeptieren Kreditkarten.

### BAHN

Bahnfahrten kan man von 7–20 Uhr per Telefon (05 52 35 61 36) oder Internet buchen (www.trenitalia.com). Vor Reiseantritt müssen Fahrkarten im Bahnhof an den gelben Automaten entwertet werden!

## Bahnservice

**Info:** Tel. 1 47 88 80 88
**Biglietteria telefonica S. M. Novella:**
Tel. 05 52 65 46 18

### BUS

Fast jeder Ort der Toskana ist aufgrund des weit verzweigten Busnetzes gut zu erreichen:
**ACIT** Linienverkehr Pisa
Piazza Sant'Antonio, 1, Pisa •
Biglietteria: Tel. 0 50 50 55 11

# ABENTEUER AUS ERSTER HAND.

**ATAF** Florenz und Umland
Piazza Stazione • Info: Tel. 05 55 65
06 42 • www.ataf.net • Mo–Fr 7.30–
19.30, Sa bis 13.30 Uhr
**ATAM** Point Linienverkehr Arezzo
Via Sette Ponti • Info: Tel. 05 75 98
45 20 • www.atamarezzo.it
**COPIT** Pistoia/Provinz
Piazza S. F. da Paola, Pistoia •
Tel. 05 73 21 70
**Lazzi** zwischen Provinzhauptstädten
Abfahrt: Piazza Adua, Florenz • Biglie-
teria: Piazza Stazione 4/6 • 9–19 Uhr •
Info: Tel. 0 55 35 10 61 • www.lazzi.it
**SITA** Linienverkehr gesamte Toskana
Via Santa Caterina da Siena, 17, Info:
Tel. 0 55 37 37 60 • www.sita-on-line.it •
www.sitabus.it
**TRA-IN** Stadtlinien
Biglietteria: Piazza Gramsci, Siena •
Info: Tel. 05 77 20 43 63, 05 77 20
42 25 • www.trainspa.it

**Fahrkarten** für den innerstädtischen
Busverkehr kauft man an Zeitungs-
kiosken, in Bars oder Tabakgeschäf-
ten (»tabacchi«) und entwertet sie bei
Fahrtantritt im Bus.

## FÄHREN (»TRAGHETTI«)

Zwischen Piombino und Elba pen-
deln im Sommer Katamarane in nur
25 Min.: **Elba Ferries**. Ganzjährig
fährt **Navamar** in einer Stunde; **To-
remar** ab Livorno in 3, Gorgona und
Capraia in 3 1/2 Std. (www.toremar.it).

## ZOLL

Reisende aus Deutschland und
Österreich dürfen Waren abgabenfrei mit nach Hause nehmen, wenn
diese für den privaten Gebrauch bestimmt sind. Bestimmte Richtmen-
gen sollten jedoch nicht überschrit-
ten werden (z. B. 800 Zigaretten, 90 l
Wein, 10 kg Kaffee). Weitere Aus-
künfte unter www.zoll.de und www.
bmf.gv.at/zoll. Reisende aus der
Schweiz dürfen Waren im Wert von
300 SFr abgabenfrei mit nach Hause
nehmen, wenn diese für den privaten
Gebrauch bestimmt sind. Tabakwa-
ren und Alkohol fallen nicht unter
diese Wertgrenze und bleiben in bestimmten Mengen abgabenfrei (z. B.
200 Zigaretten, 2 l Wein). Weitere Aus-
künfte unter www.zoll.ch.

## ENTFERNUNGEN (IN KM) ZWISCHEN WICHTIGEN ORTEN

|  | Arezzo | Florenz | Livorno | Lucca | Montepulciano | Pienza | Pisa | Pistoia | Siena | Volterra |
|---|---|---|---|---|---|---|---|---|---|---|
| Arezzo | – | 82 | 161 | 151 | 46 | 56 | 175 | 113 | 64 | 144 |
| Florenz | 82 | – | 80 | 70 | 124 | 134 | 80 | 32 | 69 | 76 |
| Livorno | 161 | 80 | – | 38 | 212 | 222 | 17 | 85 | 116 | 75 |
| Lucca | 151 | 70 | 38 | – | 193 | 203 | 24 | 38 | 137 | 113 |
| Montepulciano | 46 | 124 | 212 | 193 | – | 10 | 217 | 217 | 76 | 131 |
| Pienza | 56 | 134 | 222 | 203 | 10 | – | 227 | 227 | 86 | 141 |
| Pisa | 175 | 80 | 17 | 24 | 217 | 227 | – | 62 | 116 | 89 |
| Pistoia | 113 | 32 | 85 | 38 | 217 | 227 | 62 | – | 99 | 107 |
| Siena | 64 | 69 | 116 | 137 | 76 | 86 | 116 | 99 | – | 56 |
| Volterra | 144 | 76 | 75 | 113 | 131 | 141 | 89 | 107 | 56 | – |

# Kartenatlas

Maßstab 1:550 000

## Legende

**Routen und Touren**

○━━▶ Ins Land des Chianti (S. 116)

○━━▶ Ins Land der Etrusker (S. 118)

○━━▶ Rundfahrt auf Elba (S. 120)

**Sehenswürdigkeiten**

🔟 MERIAN-TopTen

🔟 MERIAN-Tipp

☐ Sehenswürdigkeit, öffentl. Gebäude

✳ Sehenswürdigkeit Kultur

⛪ Kirche; Kloster

Klosterruine

Schloss, Burg; Ruine

🏛 Museum

Leuchtturm

**Sehenswürdigkeiten ff.**

∴ Archäologische Stätte

∩ Höhle

**Verkehr**

━━ Autobahn

━━ Autobahnähnliche Straße

━━ Fernverkehrsstraße

━━ Hauptstraße

━━ Nebenstraße

▭ Fußgängerzone

🅿 Parkmöglichkeit

🅑 Busbahnhof

🚆 Bahnhof

✈ ⊕ Flughafen; -platz

**Sonstiges**

🛈 Information

Theater

Denkmal

Markt

Botschaft, Konsulat

Strand

Heiße Quelle

✳ Aussichtspunkt

Golfplatz

▭ Nationalpark

🌿 Naturpark

✝ Friedhof

Jüdischer Friedhof

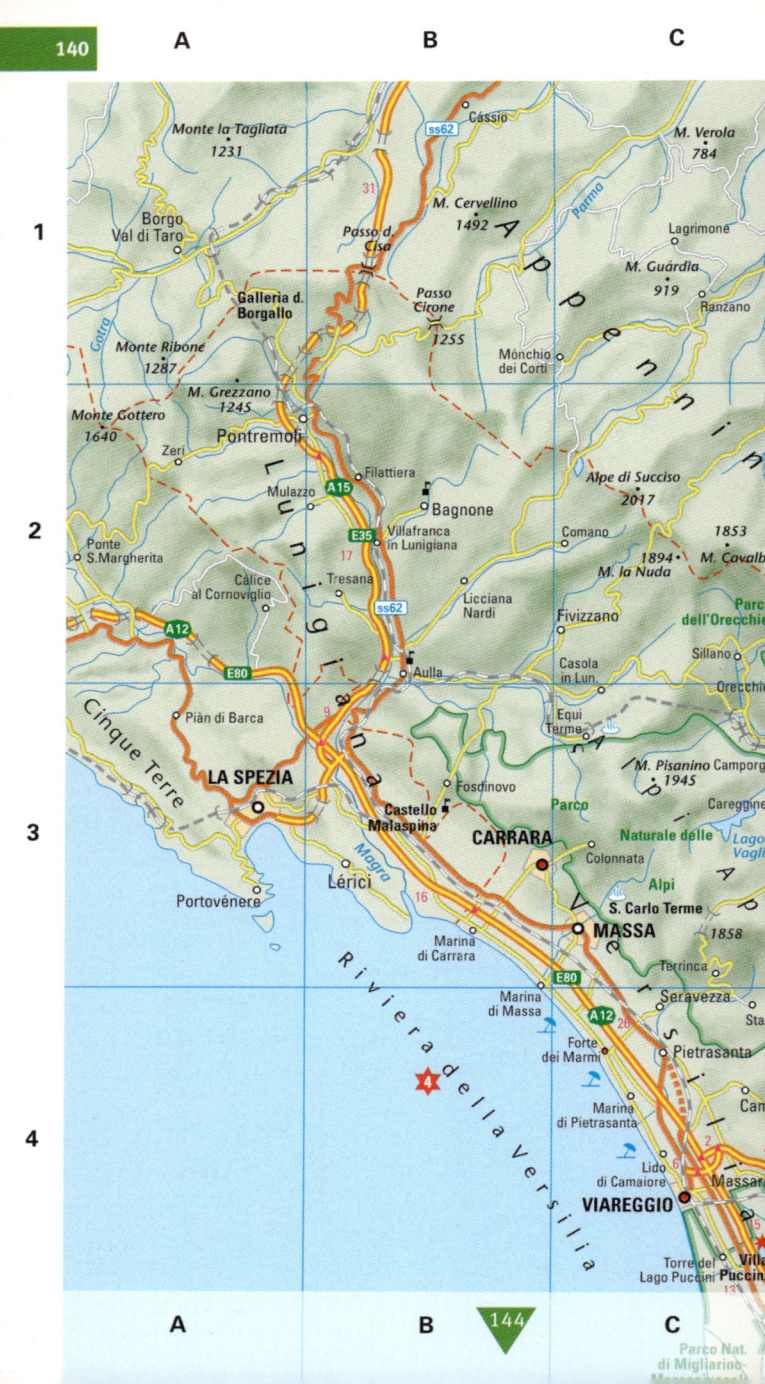

Monte la Tagliata
*1231*

Cássio

M. Verola
*784*

ss62

Borgo
Val di Taro

**1**

31

Passo d.
Cisa

M. Cervellino
*1492*

Lagrimone

M. Guárdia
*919*

Galleria d.
**Borgallo**

Passo
Cirone
*1255*

Ranzano

Cotra

Monte Ribone
*1287*

M. Grezzano
*1245*

Mónchio
dei Corti

Monte Gottero
*1640*

**Pontrémoli**

Zeri

Filattiera

Alpe di Succiso
*2017*

**2**

Mulazzo

A15

Bagnone

*1853*

Ponte
S.Margherita

E35

Villafranca
in Lunigiana

Comano

*1894*
M. la Nuda

M. Cavalb

Cálice
al Cornoviglio

17

Tresana

Licciana
Nardi

Fivizzano

Parco
dell'Orecchie

ss62

A12

E80

Sillano

Casola
in Lun.

Orecchie

Piàn di Barca

Aulla

Equi
Terme

M. Pisanino Camporg
*1945*

Careggine

**LA SPEZIA**

Fosdinovo

Parco

**3**

Castello
**Malaspina**

**CARRARA**

Naturale delle

Lago
Vagli

Colonnata

Alpi

Portovénere

**Lérici**

16

Magra

S. Carlo Terme

*1858*

Marina
di Carrara

**MASSA**

Terrinca

Marina
di Massa

E80

Seravezza

Sta

A12

Forte
dei Marmi

Pietrasanta

Riviera della Versilia

Marina
di Pietrasanta

Can

**4**

Lido
di Camaiore

Massar

**VIAREGGIO**

Vil
**Puccini**

Torre del
Lago Puccini

Parco Nat.
di Migliarino

Scandiano

M. d. Sella 542

M. Duro 738

Formigine

Casina

Baiso

Sassuolo

Maranello

Spilamberto

A1

1

Bazzan

E m i l i a

Montardone

Vignola

Ospitaletto

Guiglia

Lugo

M. Vig 817

Villa Minozzo

R o m a g n a

74

La Berzigala

Zocca

M. Vig 817

del S

Vitriola

Prampa

M. Modino 1414

M. Mocogno 1230

Pavullo

2

ss64

719

M. Stc

T o s c o

M. d. Penna 964

Panaro

Séstola

Abetáia

142

M. Cimone 2165

Pievepélago

12

M. Mancinello 1452

Porrètta

Villa Collemandina

E m i l i a n o

Cas

uovo Garf.

1991

M. Giovo

Abetone

1474

Sambuca Pistoiese

3

Montepi

f a g n a n a

Coreglia Antelminelli

17

Cutigliano

S. Marcello Pist.

ss64

Vern

Barga

24

Maresca

Pontepetri

Piteglio

Pso. d. Collina 932

Cantagallo

Secchio

Bagni di Lucca

1223

M. Bucciano

Vaiano

Borgo a Mozzano

ss435

Ponte della Maddalena

Piteccio

PISTOIA

ss12

23

Valgiano

Matraia

Segromigno in Monte

Massa e Cozzile

Montecatini Terme

Montemurlo

Agliana

4

PR

Santo Stefano

Ponte a Moriano

9

Marlia

Pescia

Collodi

Piaggiori

Uzzano

Buggiano

A11

E76

PR

LUCCA

ss435

Capannori

Montecarlo

Ponte Buggianese

Monsummano Terme

Quarrata

Camp Bisenzi

E76

Porcari

39

Bacchereto

Poggio a Carano

Bigoli

S. Giuliano Terme

M. Serra 917

Padule di Fucécchio

Cerreto Guidi

Lastra a

0            9 km

© MERIAN-Kartographie

N

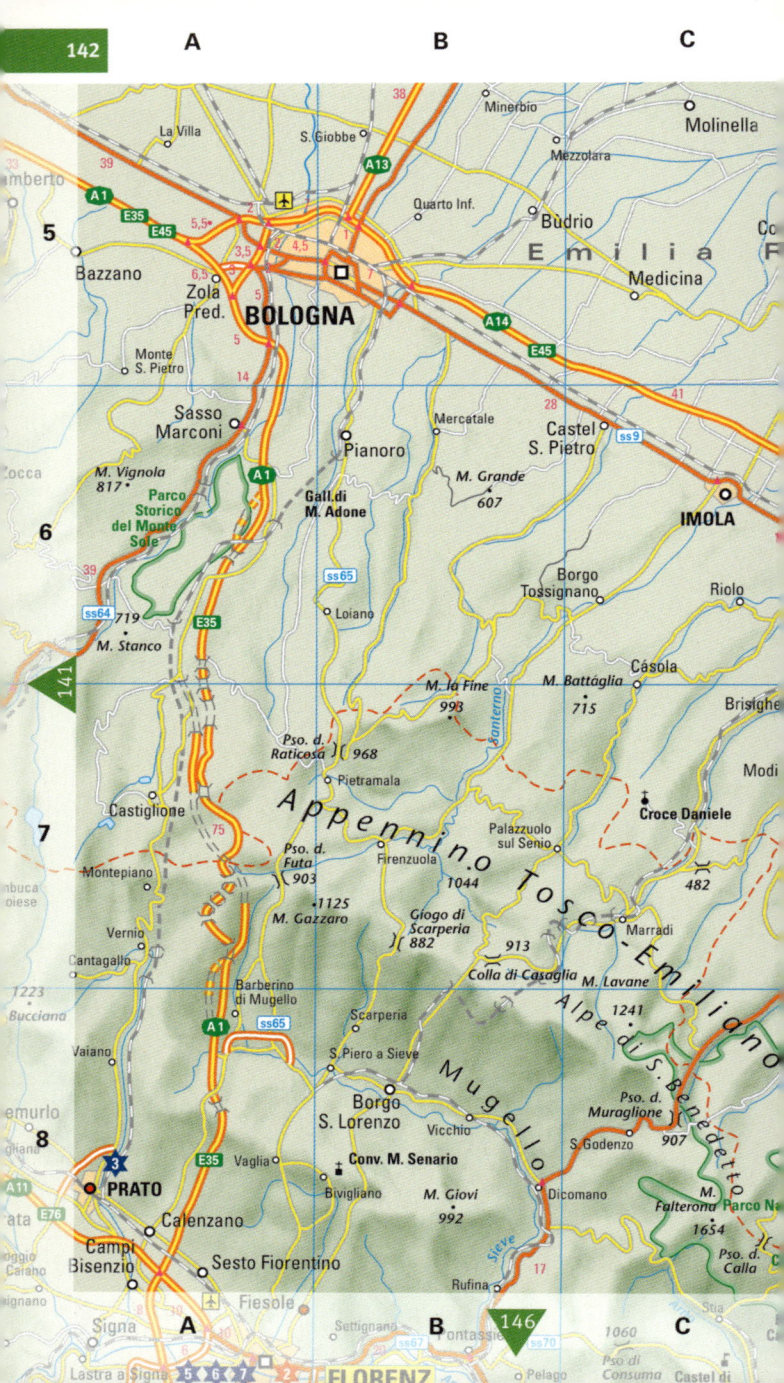

A    B    C

La Villa
S. Giobbe
Minerbio
Molinella
Mezzolara
A13
Quarto Inf.
Bùdrio
Emilia
Romagna
Umberto
39
A1
E35
E45
5,5
3,5
2
4,5
1
7
Bazzano
Zola
Pred.
Medicina
6,5
5
BOLOGNA
A14
E45
Monte
S. Pietro
14
Castel
S. Pietro
ss 9
Sasso
Marconi
Mercatale
28
IMOLA
Pianoro
41
Rocca
M. Vignola
817
Parco
Storico
del Monte
Sole
A1
Gall.di
M. Adone
M. Grande
607
Borgo
Tossignano
Riolo
39
ss 64
719
E35
Loiano
ss 65
141
M. Stanco
M. la Fine
993
Cásola
M. Battàglia
715
Brisighe
Pso. d.
Raticosa
968
Santerno
Pietramala
Croce Daniele
Appennino Tosco
Castiglione
75
Palazzuolo
sul Senio
Modi
7
Firenzuola
482
Montepiano
Pso. d.
Futa
903
1125
M. Gazzaro
1044
Giogo di
Scarperia
882
913
Marradi
Vernio
Colla di Casaglia
M. Lavane
Cantagallo
1241
Emiliano
Alpe di S. Benedetto
1223
Bucciana
Barberino
di Mugello
A1
ss 65
Scarperia
Vaiano
S. Piero a Sieve
Mugello
Pso. d.
Muraglione
emurlo
Borgo
S. Lorenzo
Vicchio
S. Godenzo
907
8
PRATO
A1
E35
Vaglia
Conv. M. Senario
M.
Falterona
1654
A11
E76
Calenzano
Bivigliano
M. Giovi
992
Dicomano
Pso. d.
Calla
Campi
Bisenzio
Sesto Fiorentino
Sieve
17
146
Signa
Fiesole
Settignano
ss 70
1060
Lastra a Signa
5 6 7
2
FLORENZ
Pelago
Pso di
Consuma
Castel di
Rufina
Stia

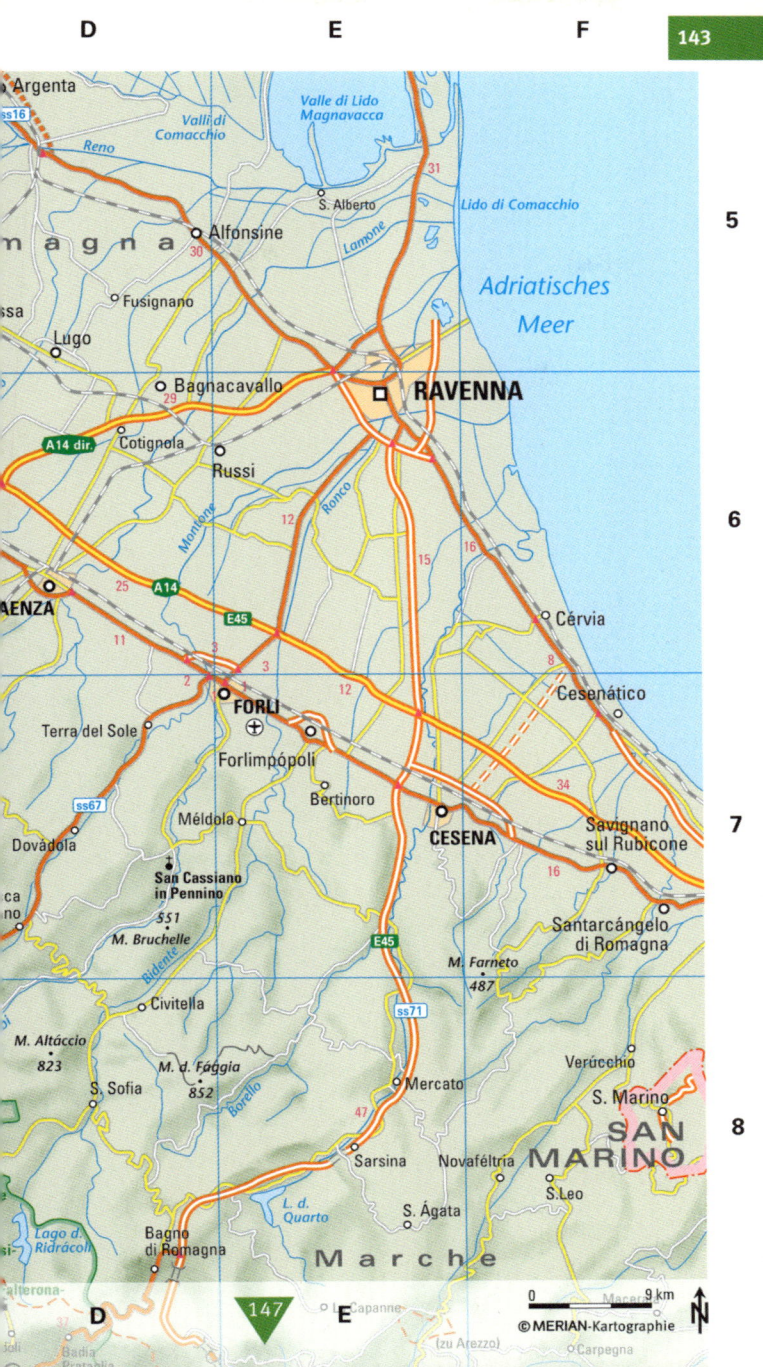

Argenta

ss16

Reno

Valli di
Comacchio

Valle di Lido
Magnavacca

S. Alberto

Lido di Comacchio

**5**

Alfonsine

30

Lamone

Adriatisches
Meer

m a g n a

ssa

Fusignano

Lugo

Bagnacavallo

29

RAVENNA

A14 dir.

Cotignola

Russi

Montone

Ronco

12

**6**

AENZA

25

A14

11

E45

15

16

Cérvia

3

8

2

3

12

Cesenático

FORLÌ

Terra del Sole

Forlimpópoli

Bertinoro

34

ss67

Savignano
sul Rubicone

Méldola

CESENA

**7**

Dovàdola

16

San Cassiano
in Pennino

551

Santarcángelo
di Romagna

ca
no

M. Bruchelle

E45

M. Farneto

487

Bidente

Civitella

ss71

Verúcchio

M. Altáccio

823

M. d. Fággia

852

Bordello

Mercato

S. Marino

S. Sofia

47

SAN
MARINO

**8**

Sarsina

Novaféltria

S.Leo

L. d.
Quarto

S. Ágata

Lago d.
Ridràcoli

si–

Bagno
di Romagna

M a r c h e

alterona–

Le Capanne

0      Maßstab    9 km

© MERIAN-Kartographie

N

(zu Arezzo)

Carpegna

ìoli

Badia
Prataglia

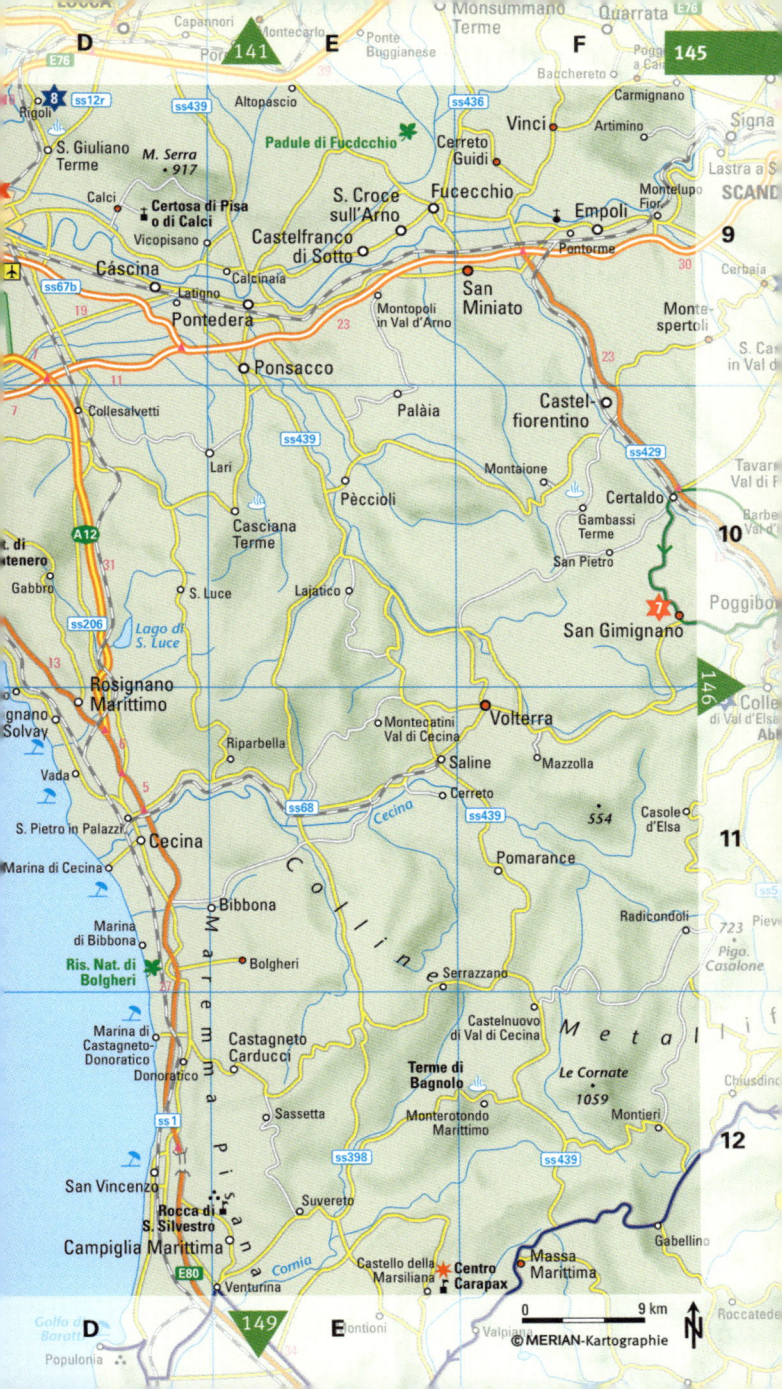

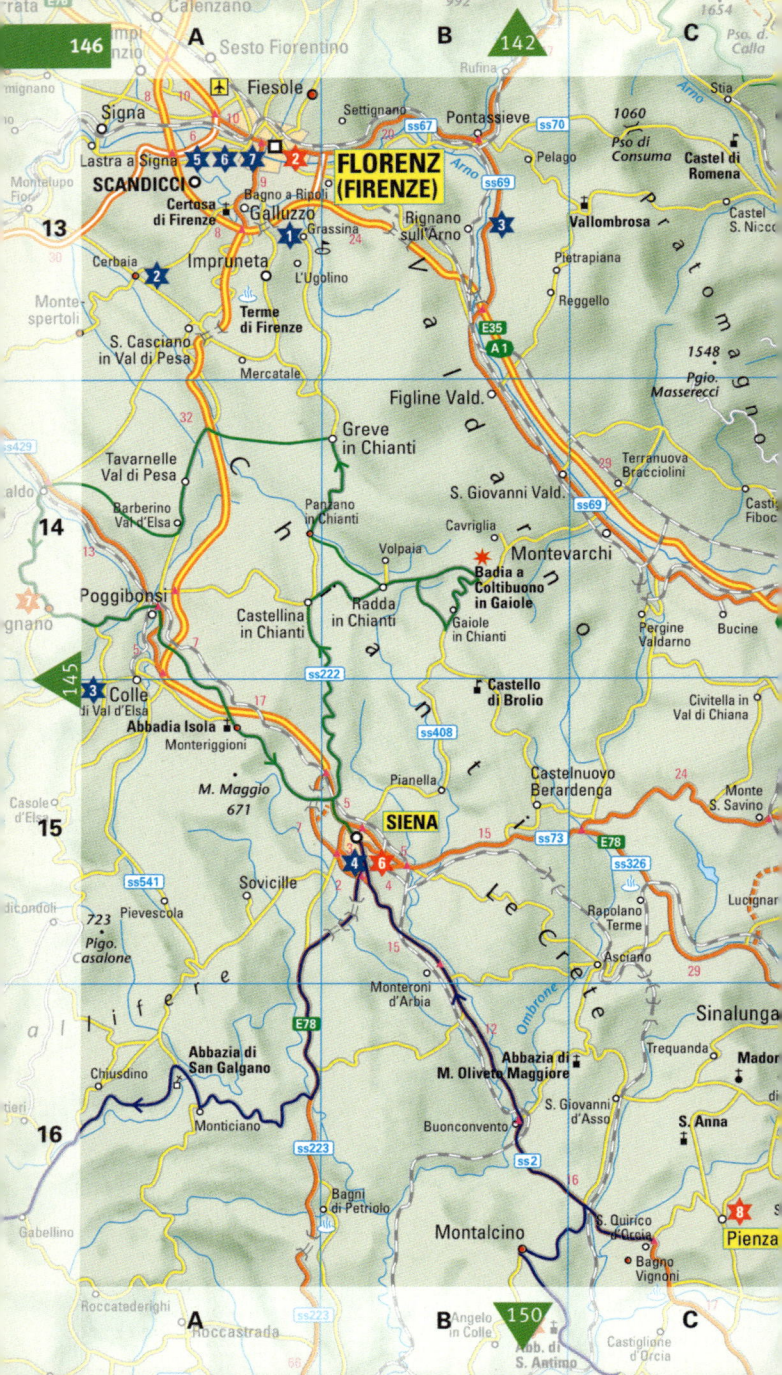

Quarto

S. Agata

Bagno
di Romagna

La Capanne

(zu Arezzo)

Macerata

Carpegna

Piandimeleto

lterona-

37

Badia
Prataglia
Campigna

M. d. Scura
1049

M. d. Zucca
1263

Badia
Tedalda

La
Verna

M. Penna
1283

Chiusi
d. Verna

Pso. di
Viamaggio

M. d. Rocca
805

983

M. dei Frat
1454

199

S. Ángelo
in Vado

ss71

M. il
Castello
1415

Caprese
Michelangelo

Pieve
S. Stefano

ss73b

40

ss258

34

Sansepolcro

M. Valmeronte
977

Apécchio

Subbiano

Anghiari

5

E45

14

ss3b

Arezzo

ss73

Monterchi

9

Città
di Castello

Pietralunga

5

ss73

3

526

36

E78

Monte Santa
Maria Tiberina

Umbria

Carpina

18

Castiglion
Fiorentino

Trestina

ss219

15

Can. Maestro

35

Castello di
Montecchio Vesponi

53

Le Celle

M. Ginezzo
929

Umbértide

Cortona

M. Murlo
818

E45

Foiano
d. Chiana

19

Abbazia di
Farneta

ss75

ss3b

Passignano

Val di Chiana

ss71

Lago
Trasimeno

41

Magione

PERUGIA

16

Castiglione
del Lago

ss75

26

A1

Lago
di Monte-
pulciano

Tevere

E35

20

Mugnano

L. di
Chiusi

3

ciano
Terme

0        9 km

© MERIAN-Kartographie

N

Chiusi

Sarteano

Pietrafitta

Nestore

Deruta

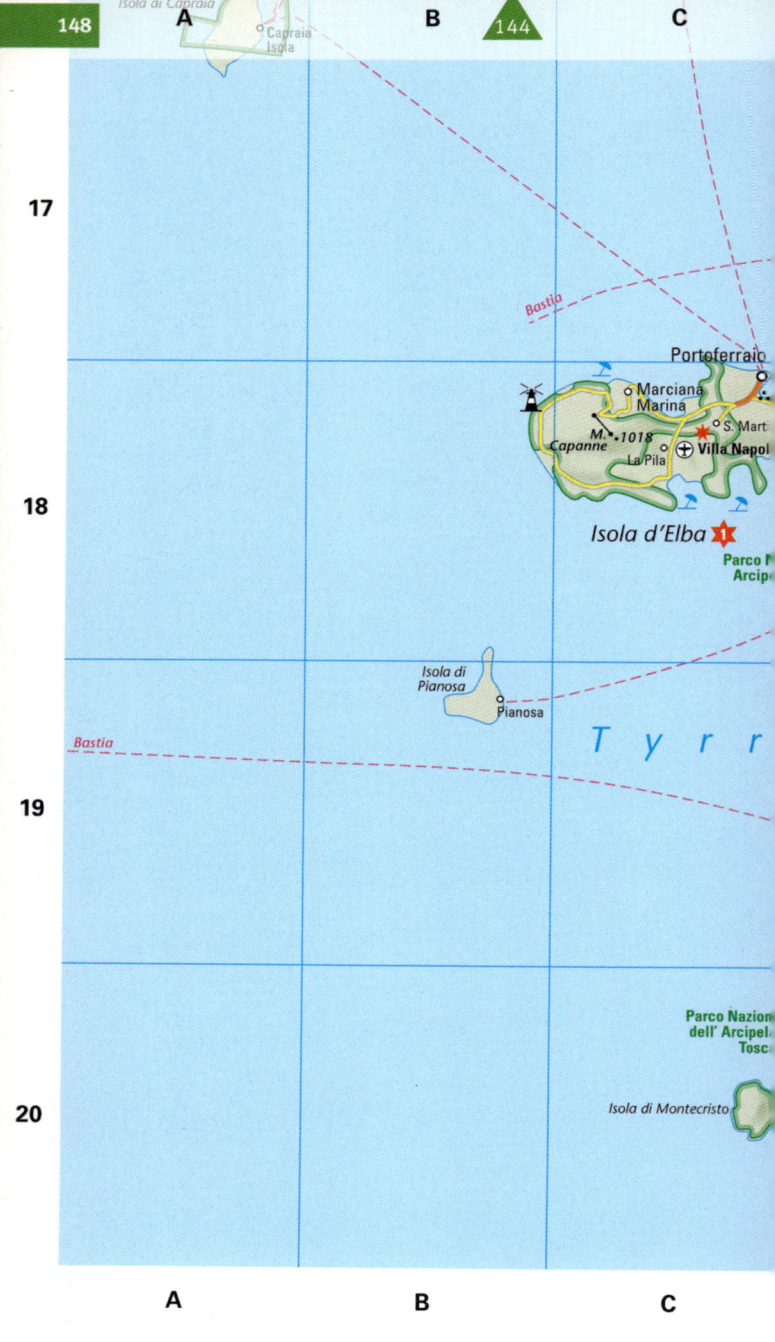

Isola di Capraia

A    B    C

▲ 144

Capraia
Isola

17

*Bastia*

Portoferraio

Marciana
Marina

⚓

S. Mart

M. 1018
*Capanne*    La Pila    ⊕ **Villa Napol**

18

*Isola d'Elba* ⭐ ❶

Parco N
Arcipe

Isola di
Pianosa

Pianosa

*T y r r*

*Bastia*

19

Parco Nazion
dell' Arcipel
Tosc

20    Isola di Montecristo

A    B    C

S. Silvestro
Ca piglia Marittima
D
E80
Venturina
E
Castello della
Marsiliana
Centro
Carapax
Massa
Marittima
F

Golfo di
Baratti
Populonia

Montioni

Valpiana

Ribolla

145

34

ss 1

Gavorrano
39
E80

17

Piombino

Follonica

Scarlino

Grilli

nale di Piombino

Golfo di
Follonica

ss322

Vetulonia
Vetulonia

Bruna

avo
I.
Palmaiola
I. Cerboli

Poggio Ballone
630

Rio Marina

Punta Ala
Sc. d. Sparviero

Porto Azzurro

Castiglione
della Pescaia

18

poliveri

Marina
di Grosseto

dell'
cano

150

e    n    i    s    c    h    e    s

Pa
Natur
de
Maremi

Formiche
di Grosseto

Talam

19

M    e    e    r

Lagur

Monte
Argentario

Isola del Giglio

Giglio Castello
Giglio Porto

20

Parco Naz.

Olbia

D

E

0                    9 km

© MERIAN-Kartographie

N

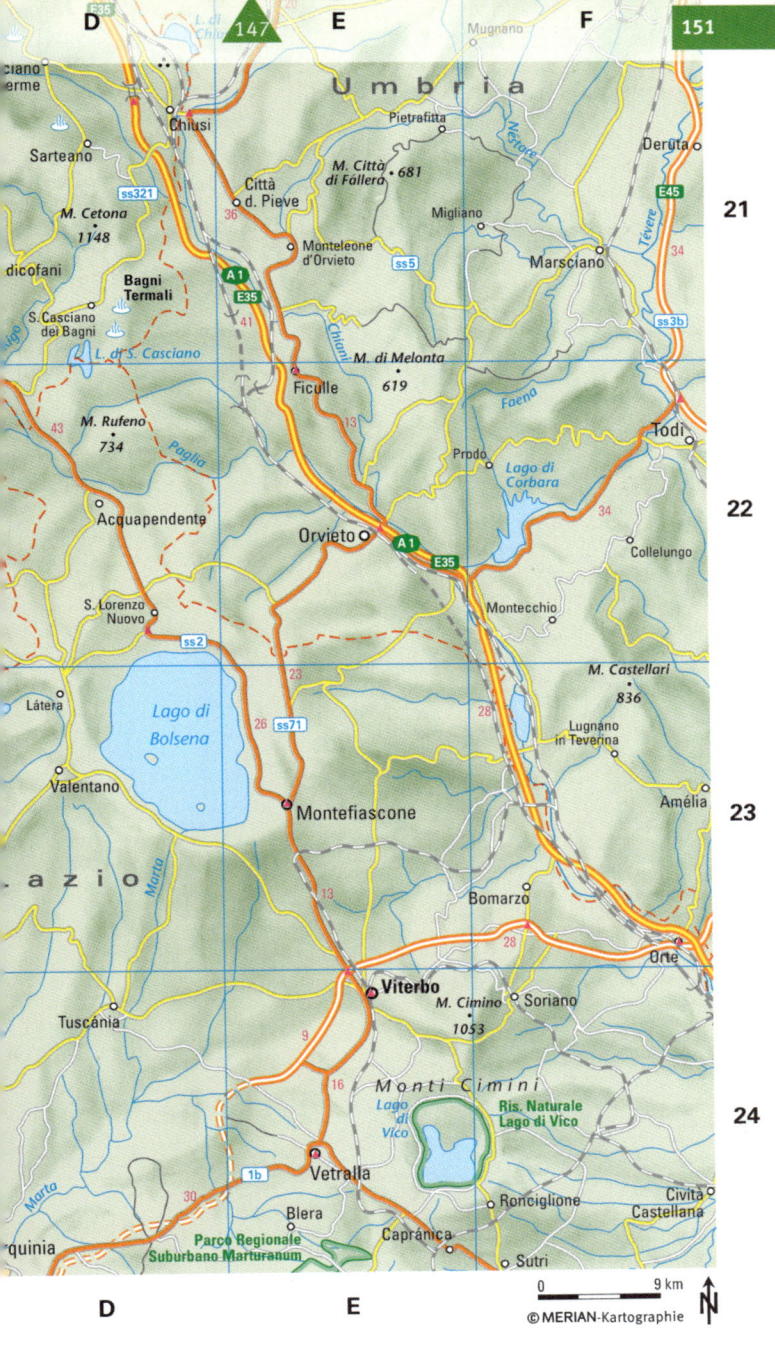

L. di Chiusi

E35

Mugnano

**U m b r i a**

Chiusi

Pietrafitta

Nestore

Deruta

Sarteano

Città d. Pieve

M. Città di Fallera • 681

Migliano

ciano erme

M. Cetona 1148

ss321

Marsciano

E45

dicofani

Monteleone d'Orvieto

ss5

Bagni Termali

A1

E35

Tevere

34

S. Casciano dei Bagni

41

Chiani

ss3b

L. di S. Casciano

M. di Melonta • 619

Ficulle

Faena

43

M. Rufeno • 734

Paglia

13

Prodo

Todi

Acquapendente

Lago di Corbara

34

S. Lorenzo Nuovo

Orvieto

A1

Collelungo

E35

ss2

Montecchio

23

M. Castellari • 836

26 ss71

Lago di Bolsena

28

Lugnano in Teverina

Látera

Valentano

Marta

Amélia

**L a z i o**

Montefiascone

13

Bomarzo

28

Orte

Tuscánia

Viterbo

9

M. Cimino • 1053

Soriano

16

**M o n t i   C i m i n i**

Lago di Vico

Ris. Naturale Lago di Vico

Marta

Vetralla

1b

Blera

Ronciglione

Civita Castellana

30

quinia

Capránica

Sutri

**Parco Regionale Suburbano Marturanum**

21

22

23

24

0          9 km

© MERIAN-Kartographie

N

# Kartenregister

**Zeichenerklärung**

❍ Orte
△ Kap,
▲ Gebirge
∞ Landschaft
~ Gewässer, Strand
★ Sehenswürdigkeit
☆ Nationalpark

# Orts- und Sachregister

Wird ein Begriff mehrfach aufgeführt, verweist die **fett** gedruckte Zahl auf die Hauptnennung, eine *kursive* Zahl auf ein Foto.

Abkürzungen:
Hotel [H]
Restaurant [R]

Liebe Leserinnen und Leser,
vielen Dank, dass Sie sich für einen Titel aus unserer Reihe MERIAN *live!* entschieden haben. Wir freuen uns, Ihre Meinung zu diesem Reiseführer zu erfahren. Bitte schreiben Sie uns an merian-live@travel-house-media.de, wenn Sie Berichtigungen und Ergänzungen haben – und natürlich auch, wenn Ihnen etwas ganz besonders gefällt.

Alle Angaben in diesem Reiseführer sind gewissenhaft geprüft. Preise, Öffnungszeiten usw. können sich aber schnell ändern. Für eventuelle Fehler übernimmt der Verlag keine Haftung.

© 2010 TRAVEL HOUSE MEDIA
   GmbH, München
MERIAN ist eine eingetragene Marke der GANSKE VERLAGSGRUPPE.

1. Auflage

**BEI INTERESSE AN DIGITALEN DATEN AUS DER MERIAN-KARTOGRAPHIE:**

**iPUBLISH GmbH, Abt. Cartography**
merianmapbase@ipublish.de
www.merianmapbase.de

**BEI INTERESSE AN ANZEIGENSCHALTUNG:**

**KV Kommunalverlag GmbH & Co KG**
MediaCenterMünchen
Tel. 0 89/92 80 96 44
winzer@kommunal-verlag.de

**TRAVEL HOUSE MEDIA**
Postfach 86 03 66
81630 München
merian-live@travel-house-media.de
www.merian.de

**PROGRAMMLEITUNG**
Dr. Stefan Rieß
**REDAKTION**
Simone Duling
**LEKTORAT**
Ewald Tange, tangemedia, München
**BILDREDAKTION**
Anna Logermann
**SCHLUSSREDAKTION**
Ulla Thomsen
**SATZ**
Ewald Tange, tangemedia, München
**REIHENGESTALTUNG**
Independent Medien Design,
Elke Irnstetter, Mathias Frisch
**KARTEN**
MERIAN-Kartographie
**DRUCK UND BINDUNG**
Polygraf Print, Slowakei
**GEDRUCKT AUF**
Eurobulk Papier von der
Papier Union

*Ein Unternehmen der*
GANSKE VERLAGSGRUPPE

**Mix**
Produktgruppe aus vorbildlich
bewirtschafteten Wäldern, kontrollierten
Herkünften und Recyclingholz oder -fasern
www.fsc.org  Zert.-Nr. SGS-COC-004980
© 1996 Forest Stewardship Council

## BILDNACHWEIS

Titelbild (Toskanische Landschaft), Premium Nature Photography: F. Krahmer
akg-images: Rabatti-Domingie 43 • Alamy: G. Masci 92 • Anzenberger: A. Pacciani 26 • Arco Images: Camerabotanica 20 • Bildagentur Huber: Bernhart 83, P. Del Duca 28, C. Dutton 111, Gräfenhain 64, 107, 108, Kaos02 80, G. Simeone 14, 63 • Bilderberg: H.-J. Ellerbrock 2, 4, 88, M. Horacek 31, J. Huber 74, 86, H. Madej 51 • fotolia: Lsantilli 66, RenierArt 16 • Getty Images: K. Sayer 95 • H. Hartmann 18 • S. Hetet 122/123 • R. Irek 68 • laif: S. Bungert 34/35, 52, R. Celentano 10/11, 73, 98, 124, M. Galli 70, 96, F. Guiziou/Hemisphere Images 84, Harscher 40, C. Zahn 12 • Locanda L'Elisa 79 • LOOK-foto: K. Maeritz 44 • Lorenzo Villoresi 55 • mauritius images: AGE 39, CuboImages 48, F. Muzzi 56 • Poderi Arcangelo 23 • Relais La Suvera 105 • Schapowalow: Atlantide 24 • shutterstock: alysta 36, Rachelle Burnside 119, Malgorzata Kistryn 59, wjarek 60 • srt-Bild 32 • T. Stankiewicz 117 • The Travel Library: M. Kipling 102 • Torre di Bellosguardo 46 • H. Wagner 114/115